Inhaltsverzeichnis

5 Vorwort

7 Einleitung

8 Vor- und Frühzeit
Die ersten Befestigungen Basels

14 Wirklicher oder eingebildeter Schutz
Die Befestigungen auf dem Prüfstand

18 Der erste Ring
Bischof Burkhards Stadtmauer

26 Die Ressourcen
Wer baut womit, und wer bezahlt?

28 Der zweite Ring
Die sogenannte ‹Innere Stadtmauer›

38 Kleinbasel
Eine Stadt vor der Stadt

42 Schmuck und Zier
Wehranlagen als Repräsentationsobjekte

44 Der dritte Ring
Die weitläufige Äussere Stadtmauer

56 Vielfältiger Gebrauch
Vom Zusatznutzen der Stadtmauern

58 Befestigungen nach 1400
Viel Flick, wenig Schick

70 Schöne Pläne, zaudernder Rat
Wenn Sparsamkeit die Politik bestimmt

74 Der Abbruch
Freie Sicht in die Zukunft

86 Rettet die Tore
Die Geburt des Denkmalschutzes

88 Das 20. Jahrhundert
Eine Stadt hart an der Grenze

92 Zeittafel – von der Bronzezeit bis heute
93 Register
94 Literatur
95 Abbildungsverzeichnis

Mauern
Basels Befestigungen im Wandel der Zeit
Schanzen
Tore

Andreas Fischer

Christoph Merian Verlag

Diese Publikation wurde ermöglicht durch
einen Beitrag der Bürgergemeinde der
Stadt Basel aus ihrem Anteil am Ertrag der
Christoph Merian Stiftung.

Bibliografische Information der
Deutschen Bibliothek:
Die Deutsche Bibliothek verzeichnet
diese Publikation in der Deutschen National-
bibliografie; detaillierte bibliografische
Daten sind im Internet über http://dnb.ddb.de
abrufbar.

ISBN 978-3-85616-332-7

© 2007 Christoph Merian Verlag

Alle Rechte vorbehalten; kein Teil dieses Werkes
darf in irgendeiner Form ohne vorherige
schriftliche Genehmigung des Verlags repro-
duziert oder unter Verwendung elektronischer
Systeme verarbeitet, vervielfältigt oder verbreitet werden.

Lektorat Andreas Lang, Basel
Gestaltung Focus Grafik, Karin Rütsche, Basel
Lithos LAC AG, Basel
Druck Kreis Druck AG, Basel
Bindung Buchbinderei Grolimund, Reinach
Schriften The Serif, Proforma
Papier Euro Bulk 135 g/m², Zeta Hammer 260 g/m²

www.merianverlag.ch

Vorwort

Bis in die Gegenwart prägen die mittelalterlichen Befestigungsgürtel und die Schanzen aus der Zeit des Dreissigjährigen Krieges das Stadtbild von Basel. Auch wenn von den einst bis neun Kilometer langen Stadtmauern und von den vielen Toren und Türmen nur noch ganz wenige Bauten einigermassen intakt erhalten sind, so lässt sich heute an bestimmten Strassenzügen der Verlauf der Befestigungen noch gut erkennen. Unter uns, im Basler Boden, schlummern aber noch viele Fundamente und Mauern dieser teilweise neunhundert Jahre alten Verteidigungsanlagen. Auf dem Münsterhügel, dem Herzstück der Basler Geschichte, liegen zudem die Reste von eindrücklichen bronzezeitlichen, keltischen und römischen Befestigungen im Untergrund verborgen.

Es ist die Aufgabe der Archäologischen Bodenforschung des Kantons Basel-Stadt, sich für dieses kulturelle Erbe einzusetzen. Im Vorfeld von Bauvorhaben im Bereich der einstigen Stadtbefestigungen versucht sie, durch Absprachen mit der Bauherrschaft möglichst viele von diesen Zeugnissen vergangener Epochen für nachfolgende Generationen zu bewahren. Falls dies nicht möglich ist, legen die Mitarbeitenden der Archäologischen Bodenforschung die alten Baureste sorgfältig frei und dokumentieren sie ausführlich. Dank dieser Arbeit ist das Wissen über die prähistorischen und mittelalterlichen Befestigungen sehr umfangreich und vor allem wesentlich anschaulicher geworden. An einigen Stellen, zum Beispiel im Teufelhof und an der Rittergasse 4, sind Teile der von der Archäologischen Bodenforschung freigelegten Befestigungen konserviert und für die Öffentlichkeit sichtbar belassen. Die imposanten Anlagen aus keltischer Zeit und dem Mittelalter üben auf die Besucherinnen und Besucher gerade heute einen besonderen und unmittelbaren Reiz aus.

Ohne die Forschungsergebnisse der Archäologie würde sich unser Wissen über die Geschichte der Basler Stadtbefestigungen auf das beschränken, was in Urkunden, Chroniken, Steuerbüchern und Ratsbeschlüssen überliefert ist. Aufgrund der schriftlichen Überlieferung rechnete man lange Zeit mit lediglich zwei mittelalterlichen Stadtmauern. Inzwischen wissen wir, dass die sogenannte ‹Innere Stadtmauer› nicht die älteste Stadtmauer, sondern die zweitälteste Basler Stadtbefestigung war. Sie war nur wenige Meter ausserhalb der ersten Stadtumfassungsmauer errichtet worden. Diese älteste Stadtmauer aus den Jahren kurz vor 1100 war sieben bis acht Meter hoch und besass einen bis vier Meter tiefen Stadtgraben. Erst in der ersten Hälfte des 13. Jahrhunderts wurde die ‹Innere Stadtmauer› gebaut. Nur schon dieses Beispiel verdeutlicht, dass die Basler Stadtgeschichte ohne die Resultate der Archäologischen Bodenforschung, die mit ihren Ausgrabungen immer wieder neue Quellen erschliesst, höchst lückenhaft wäre.

Der Kantonsarchäologe Basel-Stadt
Guido Lassau, im Juli 2007

1 Die Forschung über die Stadtmauern von Basel wird wohl noch lange andauern. Im Bild: Die Letzimauer am Mühlegraben während der Renovationsarbeiten in den Jahren 1978/79.

Einleitung

Die Geschichte der Basler Befestigungen ist eng mit der Entwicklung der Stadt verbunden. Mit anderen Worten: Wer sich mit den Stadtmauern, Schanzen und Toren auseinandersetzt, muss sich unweigerlich mit der Stadtgeschichte befassen, und umgekehrt. Doch die Wehranlagen sind nicht nur aus historisch-technischer Sicht interessant. Darüber hinaus sind sie immer auch Sinnbild für das Selbstverständnis der Bevölkerung und zeugen von deren Schutzbedürfnis und Abgrenzungswillen. Nicht zu unterschätzen ist auch der Repräsentationscharakter nach aussen und die identitätsstiftende Wirkung nach innen. Würde man in der Basler Bevölkerung eine Befragung durchführen, um zu erfahren, welches Gebäude sie am meisten mit der Stadt in Verbindung bringt, würde – neben dem Münster – wohl besonders häufig das Spalentor genannt.

Doch was heute von den Stadtbefestigungen noch erhalten ist, ist nur ein Bruchteil aller je errichteten Befestigungen. Wenn man sich die immense Länge der Äusseren Stadtmauer (rund 4,1 Kilometer) vor Augen führt, so ist es wahrlich nicht vermessen, von Basels grösstem Bauwerk aller Zeiten zu sprechen.

Dieses Buch möchte eine leicht verständliche Übersicht über den aktuellen Stand der Forschung bieten, versteht sich aber nicht als allumfassende Publikation zu diesem Thema. Es will nicht Auskunft über jedes Detail geben. Oft wäre dies auch nicht möglich, da die Erforschung der Stadtbefestigungen noch lange nicht abgeschlossen ist. Immer wieder werden durch Bauuntersuchungen und archäologische Ausgrabungen weitere Puzzleteile des Gesamtbildes entdeckt (Abb. 1, Seite 6). In chronologischer Reihenfolge werden alle wichtigen Zeitabschnitte der Befestigungsgeschichte Basels kurz vorgestellt. Dazwischen behandeln kurze Abschnitte zeitübergreifend einzelne, spezifische Fragen. Eine übersichtliche Zeittafel sowie ein Register runden den Text ab.

Das Buch entstand im Rahmen der gleichnamigen Ausstellung im Museum Kleines Klingental, kann aber auch völlig unabhängig davon gelesen werden. Mir bleibt die Hoffnung, dass dem Leser, der Leserin die Lektüre dieser Publikation ebenso viel Vergnügen bereitet, wie mir die Niederschrift bereitet hat.

Dank

Viele Personen haben mir bei der Erarbeitung dieses Buches geholfen. Dafür möchte ich mich an dieser Stelle herzlichst bedanken. In der Hoffnung, niemanden vergessen zu haben, seien sie hier nach Institutionen und innerhalb derselben alphabetisch aufgeführt:

Archäologische Bodenforschung Basel-Stadt: Dagmar Bargetzi, Andrea Hagendorn, Guido Helmig, Guido Lassau, Christoph Ph. Matt, Phillippe Saurbeck, Udo Schön.

Historisches Museum Basel: Anna Bartl, Marie-Claire Berkemeier, Stefan Bürer, Franz Egger, Pia Kamber, Wolfgang Löscher, Michael Matzke, Margret Ribbert, Martin Sauter, Alwin Seiler, Johanna Stammler, Burkard von Roda.

Christoph Merian Verlag: Claus Donau, Beat von Wartburg.

Basler Denkmalpflege: Bernhard Jaggi, Martin Möhle, Yvonne Sandoz, Alexander Schlatter, Vera Stehlin, Stephan Tramèr.

Staatsarchiv Basel-Stadt: Andreas Barth, Dieter Leu, Franco Meneghetti, Sabine Strebel, Josef Zwicker.

Und ausserdem: Eckhard Deschler-Erb, Karl Emmenegger, Treumund E. Itin, Andreas Lang, Karin Rütsche, Erik Schmidt.

Vor- und Frühzeit
Die ersten Befestigungen Basels

Wenn von den Befestigungen der Stadt Basel gesprochen wird, denken die meisten sofort an die Überreste der mächtigen mittelalterlichen Stadtmauern. Doch diese Wehranlagen waren beileibe nicht die ersten Mauern und Gräben, welche die hier ansässigen Menschen zum Schutz ihrer Siedlungen errichtet hatten.
Die frühesten Spuren solcher Bauwerke sind rund zweitausend Jahre älter.

Der Münsterhügel – eine sichere Zuflucht in unruhigen Zeiten

Besteigt man von der Schifflände den Rheinsprung oder von der Freien Strasse den Schlüsselberg und geniesst danach von der Pfalz aus die herrliche Aussicht auf die Stadt und das umliegende Land, dann wird einem schnell bewusst, warum der Münsterhügel von alters her ein beliebter Siedlungsort war und ist. Auf drei Seiten durch steile, vom Birsig und dem Rhein tief eingeschnittene Abhänge geschützt, bedurfte nur die Flanke im Südosten einer künstlichen Sicherung. Dank der erhöhten Position sah man herannahende Gruppen schon von Weitem und wurde im Gegenzug weithin wahrgenommen (Abb. 2, Seite 10). Dazu kam eine versorgungs- und verkehrsgünstige Lage. Kurzum: Er war ein perfekter Platz für geschützte Siedlungen oder auch prestigeträchtige Bauten der Mächtigen. Dass diese Vorteile über viele Jahrhunderte genutzt wurden, davon zeugen die rund drei Meter dicken Kulturschichten im Erdreich, gebildet durch die Aktivitäten unserer Ahnen. Sie weisen uns den Weg in längst vergangene Epochen.

Die Bronzezeit – kleines Dorf mit grossem Graben

Die Besiedlung oder zumindest Begehung der Gegend am Rheinknie begann bereits in der Alt- und Mittelsteinzeit (vor 2,5 Millionen Jahren bis 5500 vor Christus). Die Menschen lebten noch als Nomaden in Höhlen und Zelten. Erst die frühen Ackerbauern der Jungsteinzeit (5500 bis 2200 vor Christus) gründeten feste Ansiedlungen. Die Funde von Werkzeugen führten zur Annahme, dass damals auf dem Münsterhügel und dem Spalenberg Landwirtschaft betrieben wurde. Auf Dörfer oder gar Wehranlagen aus dieser Epoche gibt es hingegen keine Hinweise.

Etwas mehr weiss man über die Bronzezeit (2200 bis 800 vor Christus) in Basel. Die Erfindung des neuen Werkstoffes Bronze vor rund viertausend Jahren führte zu grossen sozialen, wirtschaftlichen und religiösen Umwälzungen. Der Handel mit Nah und Fern erlebte einen sprunghaften Aufschwung. Mit diesen Veränderungen waren aber sicher auch Spannungen innerhalb der Gemeinschaft verbunden; die Schere zwischen Arm und Reich, zwischen Macht und Ohnmacht öffnete sich weit. Dazu kamen kriegerische Auseinandersetzungen mit äusseren Gegnern – kein Wunder, entstanden nun auf vielen gut zu verteidigenden Anhöhen Befestigungsanlagen. So auch auf dem Basler Münsterhügel. Wenige, noch undeutliche Spuren weisen auf eine Besiedlung ab der frühen Bronzezeit (2200 bis 1300 vor Christus) hin, bislang aber ohne Anzeichen einer Wehranlage. Erst in der späten Bronzezeit (1300 bis 800 vor Christus) wurde der Martinskirchsporn mit einem neun Meter breiten und drei Meter tiefen Graben vom restlichen Hügel abgeriegelt.[1] Ein allenfalls dazugehöriger Wall ist bislang nicht nachgewiesen. Ein solcher befand sich aber rund zweihundert Meter weiter südöstlich, wo ebenfalls ein (kleinerer) Graben existierte (Abb. 3, Seite 10). Es kann nicht mit Sicherheit festgestellt werden, ob die beiden Gräben gleichzeitig angelegt wurden und in Gebrauch waren. Ebenfalls unklar ist, ob die verschiedenen Funde einer einzigen, grösseren und beständigen Siedlung zuzuordnen sind oder mehreren kleinen und temporären.

Aber wer auch immer wann in dieser Epoche auf dem Martinskirchsporn gelebt hat, er wohnte dank Natur und menschlicher Aktivität gut geschützt. Trotzdem verliessen die Menschen um 800 vor Christus den Münsterhügel und liessen die Verteidigungsanlagen der Erosion anheimfallen.

Die späte Eisenzeit – eine offene Stadt macht dicht

Die Menschen scheinen am Ende der Bronzezeit nicht nur den Münsterhügel verlassen zu haben, sondern gleich aus der Gegend weggezogen zu sein. Auf jeden Fall gibt es im Kanton Basel-Stadt kaum Hinweise auf eine Besiedlung in der älteren Eisenzeit (800 bis 400 vor Christus). Erst gegen Ende der jüngeren Eisenzeit (400 bis 30 vor Christus) ändert sich das Bild, und zwar gewaltig: Am Rande des heutigen Basels – auf dem Areal der ehemaligen Gasfabrik, wo heute der ‹Novartis Campus› gebaut wird – errichteten die Kelten um 150 vor Christus eine 150 000 m² umfassende Grosssiedlung. Es muss eine friedliche Zeit gewesen sein, oder die Strategie zur Verteidigung setzte nicht auf Bauwerke. Jedenfalls war die Keltenstadt eine offene Siedlung ohne Wehranlagen. Nur ein

---

[1] Deschler-Erb/Hagedorn 2007, S. 11.

2 Der Basler Münsterhügel war wegen seiner erhöhten Lage am Rhein schon früh ein natürlich geschützter Siedlungsplatz. Hervorragend eignete er sich auch für Prestigebauten.

3 Die vormittelalterlichen Befestigungen Basels auf einen Blick: orange die bronzezeitlichen Gräben und Wälle, blau der eisenzeitliche Murus Gallicus mit Graben und grün die spätrömische Umfassungsmauer (mit Graben) sowie der Burgus auf der Kleinbasler Seite. Grau (zur Orientierung) die Strassenzüge der modernen Stadt; das Flüsschen Birsig wurde bis 1900 grösstenteils überdeckt.

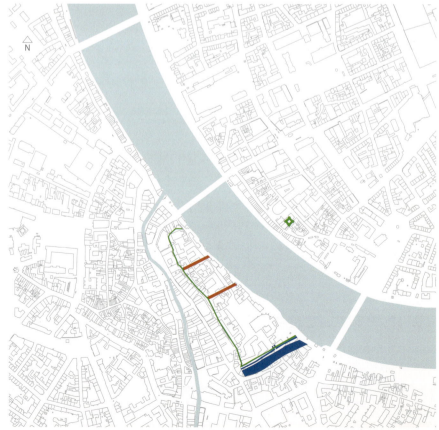

paar kleinere Gräben trennten im Innern einzelne Areale voneinander ab. Sie markierten wohl die Grundstücksgrenzen und zeigen, dass es sich um eine systematisch geplante Ansiedlung gehandelt haben muss. Das umfangreiche Fundmaterial, das die Archäologie zutage förderte, zeugt von handwerklichen Fertigkeiten und von Wohlstand. Doch die Zeiten änderten sich. Um 80 vor Christus wurde die Grosssiedlung wohl nach und nach aufgegeben, und die Menschen suchten Schutz an einem flächenmässig viel kleineren, aber aus strategischer Sicht günstigeren Ort – auf dem Münsterhügel. Was aber brachte die Bevölkerung dazu, sich mit einem Drittel der bisherigen Siedlungsfläche zu begnügen? Vermutlich waren die Germanen dafür verantwortlich, die im ersten Jahrhundert aus Nordosten auf der Suche nach neuem Territorium am Oberrhein aufgetaucht waren und für Unruhe gesorgt hatten. Die Aufgabe der offenen Stadt lässt sich nicht nur in Basel, sondern auch weiter nördlich, in Breisach, beobachten – auch dort wurde, ungefähr gleichzeitig, der Münsterberg besiedelt und befestigt.[2] Dass die Umsiedlung im Zusammenhang mit dem Auszug der Rauriker im Gefolge der Helvetier und mit deren Rückkehr nach der Niederlage bei Bibracte (58 vor Christus) zu sehen sei (wie man früher meinte), ist auszuschliessen, da die Besiedlung der beiden Münsterhügel ein bis zwei Jahrzehnte vor diesem Ereignis eingesetzt hatte.

Der Keltenwall Murus Gallicus

Am Charakter der eisenzeitlichen Ansiedlung auf dem Basler Münsterhügel lässt sich das Schutzbedürfnis der Bevölkerung ablesen (Abb. 3). Vor allem die schwache Seite gegen den heutigen St. Albangraben hin wurde durch einen ansehnlichen Wall verstärkt. Ein kleiner Graben grenzte ausserdem den Martinskirchsporn im Norden vom restlichen Siedlungsgebiet ab. Es dürfte sich dabei allerdings eher um eine Quartierabgrenzung als um eine verteidigungstechnische Massnahme gehandelt haben. Möglicherweise kann man hier eine räumliche Trennung unterschiedlicher Bevölkerungsgruppen fassen.

Das Kernstück der Wehranlage bildete die mächtige Wall-Graben-Anlage im Südosten. Der Wall war mindestens zwölf Meter breit und etwa fünfeinhalb bis sechs Meter hoch. Er bestand hauptsächlich aus aufgeschütteter Erde, die wohl vom Aushub des Grabens stammte. Im Innern sorgte ein genageltes Balkengitter für den nötigen Halt. Die vordere Front bestand aus senkrechten Pfosten, die mit dem Holzgitter verbunden waren, und dazwischen errichteten Trockensteinmauern. Oben auf dem Wall dürfte sich eine Holzbrüstung befunden haben (Abb. 4, Seite 12). Auch der Graben davor war eindrücklich: Bei einer Breite von bis zu dreissig Metern erreichte er eine Tiefe von mindestens sieben Metern. Der einzige Zugang zur Siedlung befand sich im Bereich der heutigen Rittergasse, wo vermutlich eine hölzerne Brücke über den Graben führte. In diesem Bereich wurden Überreste einer Toranlage freigelegt, über der wahrscheinlich ein Turm gethront hatte.[3]

Der römische Feldherr Caesar nannte in seinem Bericht über den gallischen Krieg eine solche Befestigung ‹Murus Gallicus›,[4] was übersetzt etwa ‹Keltische Mauer› bedeutet. Späteisenzeitliche Bauwerke dieser Art existierten mit lokalen Unterschieden in ganz Mitteleuropa. Dank ihrer ausgeklügelten Bautechnik waren sie von Angreifern kaum zerstörbar. Es ist jedoch anzunehmen, dass diese frühen ‹Stadtmauern› nicht nur Verteidigungs-, sondern auch einen nicht zu unterschätzenden Repräsentationscharakter besassen.

Die erhaltenen Zeugnisse der imposanten keltischen Anlage sind heute im Park an der Rittergasse 4 zu besichtigen. Dort veranschaulicht die Archäologische Bodenforschung Basel-Stadt mit Erdfenstern, Schautafeln, Stangen und Rekonstruktionen den einstigen Verlauf sowie die Ausdehnung von Wall und Graben (Abb. 5, Seite 12).

Die frührömische Zeit

Kein Wunder, dass der Murus Gallicus nach der Machtübernahme durch die Römer um 50 vor Christus weiterverwendet wurde. Vermutlich blieben auch die lokalen Herren der Siedlung dieselben: Die keltischen Adligen und ihr bewaffnetes Gefolge sicherten weiterhin – nun im Auftrag der Römer – die Grenze und die wichtigen Handelsstrassen.

---

2 Deschler-Erb/Hagedorn 2007, S. 21.
3 Deschler-Erb/Hagedorn 2007, S. 13.
4 Caesar 1980, Lib. VII, Abschnitt 23.
5 Deschler-Erb/Hagedorn 2007, S. 25.

4 Der keltische Wall war dank seiner Bauweise, die für die damalige Zeit typisch war, beinahe unzerstörbar.

5 Die Informationsstelle der Archäologischen Bodenforschung an der Rittergasse 4. Die einfarbigen Stangen markieren Verlauf und Höhe des Keltenwalls, die gestreiften verdeutlichen die Lage und Tiefe des Grabens.

6 Auf der Kleinbasler Seite wurde um 374 ein sogenannter ‹Burgus› errichtet. Das Modell aus dem Historischen Museum Basel zeigt den Aufbau der mächtigen Mauern.

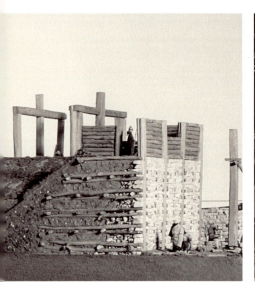

Einige wenige Funde von römischen Ausrüstungsstücken lassen jedoch vermuten, dass auch römische Militärs (vielleicht zu Kontrollzwecken) anwesend waren.[5]

Mit dem Beginn der Alleinherrschaft von Kaiser Augustus (27 vor Christus) änderte sich dieser Zustand. In Zeiten relativen Friedens an der Nordgrenze des Reiches war der Keltenwall überflüssig geworden. Das Bauwerk wurde grossteils eingeebnet, der Graben teilweise aufgefüllt, und auf dem Schutt wurden neue Häuser gebaut – vielleicht auch als Zeichen dafür, dass die Gegend befriedet war. Die nun im Schatten der grossen Koloniestadt Augusta Raurica (heute Augst und Kaiseraugst) stehende kleine Siedlung war, abgesehen von den naturräumlichen Gegebenheiten, nicht mehr befestigt.

Die spätrömische Zeit – Recycling in allen Formen

In der zweiten Hälfte des dritten Jahrhunderts nach Christus brachen im Römischen Reich unruhige Zeiten an. Zerrüttet im Innern, nahm auch der Druck an den Grenzen stetig zu. Die lange Zeit kaum befestigten Siedlungen wurden mit Mauern geschützt und der Rhein innerhalb von kurzer Zeit zu einer Verteidigungslinie mit Wachtposten und kleinen Kastellen ausgebaut. Auch der Münsterhügel wurde, wenig überraschend, mit einer neuen Befestigung versehen. Die spätrömische Umfassungsmauer wurde praktisch an der gleichen Stelle wie die spätkeltische Wehranlage errichtet (Abb. 3, Seite 10). Doch nicht nur der Ort der Befestigung basierte auf einer ‹recyclierten› Idee, nein, man verwendete für den Bau auch sogenannte ‹Spolien›, Teile von anderswo abgebrochenen Bauten. Dass man sich dabei in der Not und unter Zeitdruck auch über Gesetze und Anstandsregeln hinwegsetzte, zeigt die Tatsache, dass selbst Grabsteine und Elemente grosser Grabmonumente beim Bau Verwendung fanden.[6] Nicht wenige Spolien stammen von Bauten aus der nahe gelegenen Koloniestadt Augusta Raurica, die in dieser Zeit wohl grossflächig zerstört wurde.

Bei zahlreichen Ausgrabungen kamen Teile der Umfassungsmauer zum Vorschein, die Aussagen zum Erscheinungsbild der Anlage ermöglichen. Das Fundament war an manchen Stellen fast zwei Meter breit. Die Höhe der Mauer kann auf rund zehn Meter geschätzt werden. Der südöstliche Abschnitt wurde durch einen etwa elf Meter breiten und rund drei Meter tiefen Graben geschützt, der parallel zum teilweise zugeschütteten keltischen Graben verlief. Die Toranlage befand sich vermutlich, wie schon jene des Murus Gallicus, im Bereich der heutigen Rittergasse; über deren Ausgestaltung ist aber leider nur wenig bekannt. Die Häuser im Innern standen wohl nahe an der Umfassungsmauer, was bei Belagerungen günstiger war, da sich damit eine kleinere Angriffsfläche für Wurfgeschosse bot.

Wann der Mauerbau eingesetzt hat, kann noch nicht näher eingegrenzt werden. Nach 300 nach Christus wurde die Befestigung wohl weiter verstärkt und ausgebaut, doch finden sich kaum Hinweise auf eine rege Bautätigkeit. Erst für 374 nach Christus kann eine Verstärkung der Befestigung eindeutig belegt werden. Kaiser Valentinian lagerte in diesem Jahr gemäss seinem Zeitgenossen Ammianus Marcellinus bei ‹Basilia› (notabene die erste Nennung des Stadtnamens), wo er eine Festung (‹munimentum›) zur Sicherung der Rheingrenze erbauen liess.[7] Deren Überreste konnten auf der Kleinbasler Seite gegenüber dem Münsterhügel lokalisiert werden. Der Grundriss dieses sogenannten ‹Burgus› war quadratisch, und die vier Meter dicken Mauern umfassten eine Innenfläche von 170 m². An jeder Ecke stand ein Rundturm (Abb. 6). Vielleicht schützte der Bau einen Rheinübergang an dieser Stelle.

Der Münsterhügel und der gegenüberliegende Burgus bildeten gemeinsam eine imposante Wehranlage, die wohl noch lange nach dem Abzug der römischen Truppen um 400 nach Christus genutzt wurde, doch leider gibt uns die Geschichte darüber keine genauere Auskunft.

6 Deschler-Erb/Hagedorn 2007, S. 37.
7 Deschler-Erb/Hagedorn 2007, S. 43.

Wirklicher oder eingebildeter Schutz
Die Befestigungen auf dem Prüfstand

In jeder Epoche haben Basels Autoritäten versucht, die Befestigungen den aktuellen militärischen Notwendigkeiten anzupassen. So wollte man dem Schutzbedürfnis der Bevölkerung Rechnung tragen. Doch nicht immer gelang dies gleich gut. Ohne den Ergebnissen der folgenden Kapitel vorzugreifen, sollen die verschiedenen Wehranlagen hier zunächst auf einem ‹virtuellen Prüfstand› verglichen werden.

Tiefe Gräben, mächtige Wälle und starke Mauern?

Seit Anbeginn der Befestigungstechnik und ungefähr bis zum Ende des Mittelalters setzte man im Wesentlichen auf das gleiche Prinzip: Man hob einen tiefen Graben aus und setzte dahinter einen möglichst hohen Wall oder eine Mauer. Warum eigentlich? Mit dieser Technik verfolgte man das Ziel, einen räumlichen Vorteil gegenüber den Angreifenden zu gewinnen: Man wollte sie von oben herab bekämpfen können. Ausserdem bildeten Wall und Graben ein Hindernis, das nicht einfach überrannt werden konnte. Art und Stärke der Wehranlagen sollten dabei immer allen möglichen Angriffswaffen trotzen können. All dies sollte es der Bevölkerung ermöglichen, die Siedlung selbst gegen einen zahlenmässig überlegenen Feind zu verteidigen.

Vormittelalterliche Befestigungen

Inwieweit die Wälle und Gräben der Bronzezeit diesen Anforderungen genügten, kann nicht mit Sicherheit festgestellt werden, da ihre Ausgestaltung weitgehend unbekannt ist.

Voll auf der Höhe der Zeit war der Murus Gallicus auf dem Münsterhügel. Er war ein äusserst ausgeklügeltes Bauwerk: Die Steinfront schützte vor Feuer, die senkrechten Pfosten und Holzanker sorgten für den nötigen Halt und ermöglichten den Aufbau einer stabilen Brüstung. Der dahinter liegende Wall beugte der Zerstörung durch Wurfgeschosse oder Rammböcke vor. Der tiefe Graben und die Höhe der Frontmauer liessen die Wehranlage unüberwindbar erscheinen. Selbst der grosse römische Feldherr Caesar fand diese Bauwerke nicht nur ‹nicht hässlich›, sondern auch für die Verteidigung einer Stadt höchst geeignet.[1] Dies galt sicher auch für die spätrömische Befestigung auf dem Münsterhügel und den Burgus in Kleinbasel, doch leider ist hierüber nichts Genaueres bekannt.

Die mittelalterlichen Mauern

Die mittelalterlichen Stadtmauern waren von höchst unterschiedlicher Qualität. Während die Burkhard'sche und die Innere Stadtmauer mit ihren nachgewiesenen Fundamentbreiten und vermuteten Mauerhöhen den Anforderungen ihrer Zeit sicher genügten, kann dies für die Äussere Stadtmauer nur bedingt gelten. Bezeichnend ist denn auch das Urteil von Enea Silvio Piccolomini (des späteren Papstes Pius II.), der sich anlässlich des Basler Konzils im Jahr 1433/34 auch zur Stadtmauer äusserte. Ihm zufolge war «die innere Stadt [durch] eine bessere Mauer» geschützt, doch «die [äusseren] Stadtmauern freilich und die für den Krieg errichteten Bollwerke würden schwere Angriffe und Stürme, wie sie in den italienischen Kriegen üblich sind, nach meiner Meinung nicht aushalten: weder sind sie hoch, noch durch dickes Mauerwerk gesichert».[2] Die Äussere Stadtmauer war also eher ein Annäherungshindernis denn eine Verteidigungslinie, und die Verteidigung der Stadt erfolgte fast ausschliesslich von den Türmen und Toren aus.[3] Man sorgte jedoch dafür, dass das Schussfeld vor den Stadtmauern frei blieb, indem man ein absolutes Bauverbot für dieses Gebiet erliess.

Die frühneuzeitlichen Befestigungen

Das Aufkommen starker Kanonen ab dem 15. Jahrhundert erzwang eine erhebliche Änderung der Taktik. Fortan war es wichtig, dem Feind mit gleichem Geschütz antworten zu können, zumal die Verteidigungsanlagen den neuen Waffen nicht mehr standzuhalten vermochten. Hohe Mauern und Türme waren nun eher hinderlich, vor allem wenn man keine grossen Geschütze darauf platzieren konnte – ja sie boten gar ein Ziel

---

1 Caesar 1980, Lib. VII, Abschnitt 23.
2 Zit. nach Matt/Rentzel 2004, S. 230.
3 Helmig/Matt 1991, S. 71.

7 Der St. Johanns-Schwibbogen vor 1872. Wie der Zugang zur eisenzeitlichen Siedlung auf dem Münsterplatz waren auch die Tore der Inneren Stadtmauer zurückversetzt.

für die Artillerie. Um den gegnerischen Kugeln standhalten zu können, bedurfte es einer gänzlich neuartigen Befestigungsarchitektur. In Basel war dies alles bekannt, doch scheuten die Verantwortlichen die immensen Kosten, die eine Modernisierung der Befestigung verursacht hätte (siehe S. 70 ff.). Die punktuellen Verbesserungen – der Bau einzelner Bollwerke, Bastionen und Schanzen – hätten bei einer ernsthaften Belagerung kaum ausgereicht (siehe S. 64 f.).

Schöne Schwachpunkte – die Tore

Die grössten Schwachpunkte einer jeden Wehranlage waren die Zugänge zum Innern. So notwendig sie in Friedenszeiten waren, so leidig wurden sie im Krisenfall. Kein Wunder, richtete man zu allen Zeiten sein Augenmerk besonders auf die Tore und versuchte ihre Anzahl streng zu begrenzen.

Das erste bekannte Tor in Basel war der Zugang zur keltischen Siedlung auf dem Münsterhügel. Es handelte sich um ein Zangentor, das heisst, dass der Torbau in Bezug auf die Front des Walls nach innen zurückversetzt war, um diesen sensiblen Bereich der Wehranlage besser schützen zu können. Der Turm über dem Tor diente dem gleichen Zweck. Ähnlich präsentierten sich die Einlässe der Inneren Stadtmauer (Abb. 7, Seite 15). Hier könnte die Zurückversetzung aber auch einen anderen Grund gehabt haben (siehe S. 25). Die Schutzvorrichtungen der Toranlagen der Äusseren Stadtmauer kann man teilweise noch heute betrachten. Neben den gut verschliessbaren Torflügeln gab es Fallgatter oder einzelne Fallpfähle, die man herunterlassen konnte (Abb. 8). Auch sogenannte ‹Pechnasen› waren vorhanden: Erker an der Aussenseite mit einem Loch im Boden, durch welches man heisse Flüssigkeiten auf die anstürmenden Gegner giessen konnte. Alle Tore wurden zudem im Laufe der Zeit mit Vorbauten und Vorwerken versehen. Letztere waren mit Zugbrücken ausgerüstet. Damit erschwerte man einerseits die Überwindung des Grabens, andererseits bot die hochgezogene Brücke dem Tor zusätzlichen Schutz. Natürlich besassen die Tortürme auch Schiessscharten – wenn möglich in alle Richtungen –, und die Mauern der Türme und der angrenzenden Abschnitte waren meist dicker als die übrige Stadtmauer.

So versuchte man, die Schwachstellen möglichst zu verstärken. Letztlich aber dürfen diese Bemühungen nicht darüber hinwegtäuschen, dass sie die waffentechnischen Fortschritte keineswegs kompensieren konnten.

Keine Mauer ohne Wachen

Auch eine noch so ausgeklügelte Befestigung verteidigt sich nicht von selbst. Es braucht immer auch eine angemessene Anzahl Personen, die auf der Mauer die Stellung halten. In der späten Eisenzeit waren es wohl die Adligen und die Angehörigen des Kriegerstandes, denen die Verteidigung einer Siedlung oblag. Auch später lag in Basel die Verantwortung dafür bei der adligen und patrizischen Oberschicht.

Nach dem Bau der Äusseren Stadtmauer wurde diese in einzelne Abschnitte unterteilt. Die Bewachung (und im Krisenfall Verteidigung) der einzelnen Strecken oblag nun entweder den jeweiligen Anwohnern oder – in den meisten Fällen – einzelnen Zünften.[4] Auf der Innenseite der Mauer sowie auf der Aussenseite des Grabens wurden Wege angelegt, auf denen die Wachen patrouillieren konnten. Doch zeigte sich hier, dass das Bauwerk etwas zu grosszügig geplant worden war: Im Kriegsfall hätte wohl die Anzahl der Verteidiger bei Weitem nicht ausgereicht.

Im 17. Jahrhundert übernahm eine Stadtgarnison die Wache an den Toren, und als letzte Wachmannschaft seien hier noch die Stänzler erwähnt. Unter dieser Bezeichnung waren im 19. Jahrhundert die Soldaten der sogenannten ‹Standeskompagnie› bekannt. Diese Truppe wurde 1804 als stehendes Militär des Standes Basel gegründet. Sie genoss im Volk einen äusserst zweifelhaften Ruf. Obwohl teilweise auch mit polizeilichen Funktionen betraut, wurden die Soldaten verachtet und galten als rüpelhaft, trunksüchtig und liederlich. Dass es mit ihrer Fahnentreue manchmal nicht weit her war, zeigt die Tatsache, dass es ab den 1850er Jahren teilweise schwierig wurde, die zahlreichen Deserteure durch neue Rekruten zu ersetzen. Einmal nutzte eine Wachmannschaft ihre

4 Helmig/Matt 1991, S. 152 f.

8 Das Spalentor konnte durch ein äusseres Fallgatter (links) sowie eine Reihe von Fallpfählen (rechts) zusätzlich gesichert werden.

Nachtschicht am St. Johanns-Tor, um sich nach Frankreich abzusetzen – nicht ohne vorher das Tor fein säuberlich verschlossen und den Schlüssel in den Stadtgraben geworfen zu haben.[5]

Fazit – und die Folgen

Während die Befestigungen, soweit man das noch beurteilen kann, der Stadt bis zum Bau der Äusseren Stadtmauer im Krisenfall wohl gute bis sehr gute Dienste geleistet hätten, kann dies – trotz der vorgenommenen Verstärkungen – für die Zeit nach 1400 nicht mehr gelten. Darüber waren sich sicher auch die Stadtautoritäten im Klaren, und vielleicht war dies der Grund, warum Basel «lieber alle Schwierigkeiten durch Verhandlungen zu lösen» versuchte und «nie mehr eine Politik der Stärke geführt werden konnte».[6] Vielleicht hat genau diese Taktik die Stadt immer wieder vor grösserem Unheil oder gar einer Erstürmung bewahrt. Nicht zu unterschätzen ist aber die Bedeutung der Stadtmauer für das Schutzgefühl der Bevölkerung. Wenn der eine oder die andere auch Zweifel an der Tauglichkeit der Wehranlagen hegte, so fühlten sich doch viele im Schatten der mächtigen Mauern bis in die Zeit der Trennungswirren (in den 1830er Jahren) und darüber hinaus wohlbehütet.

5 www.altbasel.ch/dossier/staenzler.html.
6 Müller 1955, S. 42 f.

Der erste Ring
Bischof Burkhards Stadtmauer

Wie viele mittelalterliche Städte wuchs auch Basel in Etappen ringförmig um einen alten Kern. Auf dem modernen Strassenplan kann man dies auf der linken Rheinseite schön ablesen: Zwei Halbkreise mit dem Münsterhügel als Zentrum zeigen uns heute noch den ungefähren Verlauf der verschiedenen, älteren und jüngeren Stadtbefestigungen. In diesem und den folgenden Kapiteln sollen sie Ring für Ring vorgestellt werden.

Haito, Burkhard und Co. – Basels mächtige Bischöfe

Die erste und innerste mittelalterliche Stadtmauer von Basel ist nach ihrem Erbauer, dem Bischof Burkhard von Fenis (1040–1107), benannt. Wie kam es, dass ein Geistlicher den Befehl zur Errichtung eines der wichtigsten weltlichen Bauwerke der aufstrebenden Stadt gab? Nach dem Abzug des römischen Militärs waren Bischöfe und Kleriker verstärkt Garanten für eine funktionierende Zivilverwaltung und Rechtsprechung. Mit der Zeit entwickelte sich daraus ein Führungsanspruch der Kirche nicht nur in geistlichen, sondern auch in weltlichen Belangen. Als oberster Kirchenmann wurde so der Bischof von Basel auch zum Herrn über die Stadt, was sich heute noch am Bischofsstab im Wappen ablesen lässt. Unter den frühen Basler Bischöfen gab es einige mit guten Beziehungen zu Königen und Kaisern. Einer der berühmtesten war Haito (763–836). Er war Abt des Klosters Reichenau und wurde 805 zum Bischof von Basel berufen. Er war nicht nur der Auftraggeber eines Vorgängerbaus des heutigen Münsters, sondern als enger Vertrauter Karls des Grossen (771–830) auch Mitunterzeichner von dessen Testament. Ein anderer bedeutender Bischof war der schon erwähnte Burkhard von Fenis (Abb. 9, Seite 20). Burkhard wurde um 1040 in Vinelz (‹Fenis›) am Bielersee geboren. Er war der Sohn eines burgundischen Adligen. Zunächst diente er dem Erzbischof von Mainz als Kämmerer, bis er 1072 von König Heinrich IV. (dem späteren Kaiser) zum Bischof von Basel erhoben wurde. Burkhard war zeitlebens ein treuer Gefolgsmann Heinrichs. So begleitete er ihn unter anderem auf dessen Gang nach Canossa.[1] Um 1080 begann er, Basel mit einer Mauer zu befestigen. Ausserdem gründete er das Kloster St. Alban. Bischof Burkhard starb am 12. April 1107 in Basel.

Das 11. Jahrhundert – eine Mauer gegen Unruhen und Überfälle

Allzu viel weiss man heute leider nicht mehr über die Burkhard'sche Stadtmauer. Als der Bischof ausserhalb der Stadt das Kloster St. Alban gründete, hielt er dies in einer Urkunde fest, die aus dem Jahr 1101/03 datiert. Dort ist in einem Nebensatz die Rede davon, dass Burkhard die Stadt mit ‹murorum compagines› (einem ‹Gefüge von Mauern›) geschützt habe.[2] Mit diesem etwas kryptischen Ausdruck ist nicht etwa ein Stückwerk einzelner Mauerabschnitte gemeint, sondern die erste Basler Stadtmauer. Leider steht nirgends geschrieben, wann dieses Bauwerk begonnen wurde und ob es zum Zeitpunkt der Niederschrift der Urkunde schon vollendet war. Doch zumindest erfahren wir Näheres über die Umstände, die zum Bau der Befestigung führten: Von kriegerischen Unruhen und nächtlichen Überfällen ist die Rede, wobei die Urkunde offen lässt, ob auch Basel davon betroffen war.[3] Verwunderlich ist dies nicht im Hinblick auf eine Zeit, in der die mächtigsten Männer Europas miteinander stritten. Im Rahmen des sogenannten ‹Investiturstreits› hatte Papst Gregor VII. Heinrich IV. 1076 mit dem Kirchenbann belegt. Ein Jahr später war Herzog Rudolf von Rheinfelden zum Gegenkönig ausgerufen worden. Wie schon erwähnt, war Bischof Burkhard ein treuer Gefolgsmann Heinrichs. Er musste also befürchten, dass sich Rudolf in feindlicher Absicht gegen ihn und damit die Stadt Basel wenden würde. Was lag näher, als eine Befestigung gegen die drohende Gefahr zu errichten? Damit könnte man den Baubeginn in der Zeit kurz vor oder um 1080 vermuten. Bis zur Fertigstellung dauerte es sicher ein paar Jahre, und so ist nicht einmal sicher, ob die Stadtmauer vor dem Ende der Unruhen um 1090 (als der Sohn des Gegenkönigs Rudolf starb) beendet war. Aber zumindest war man für die Zukunft gerüstet.

Auf der Suche nach einer Mauer

Lange Zeit wusste man nichts über den Verlauf der Burkhard'schen Stadtmauer. Erste Vermutungen diesbezüglich stellte der Basler Politiker und Historiker Peter Ochs 1786 an.[4] Nachdem er die Stiftungsurkunde des Klosters St. Alban übersetzt hatte, versuchte er, die darin erwähnte Mauer zu lokalisieren. Damals kannte man zwei Befestigungsringe: die Äussere und die Innere Stadtmauer. Da die Entstehungszeit der inneren Mauer unbekannt war, kam Peter Ochs zum Schluss, dass diese von Bischof Burkhard errichtet worden sei. Diese Meinung wurde 1856 von Daniel Fechter übernommen und galt bis 1917. In diesem Jahr kam nämlich August Bernoulli zum Schluss, dass die Innere Stadt-

---

1 Moehring 2002, S. 606.
2 Matt/Rentzel 2004, S. 137.
3 Matt/Rentzel 2004, S. 137.
4 Matt/Rentzel 2004, S. 137.

9 Bildnis des Bischofs Burkhard von Fenis (auf einem Siegel von 1102/03).

10 Der Verlauf der Burkhard'schen Stadtmauer. Mit T sind archäologisch belegte Türme gekennzeichnet; mit (T) die hypothetischen Türme. Die restlichen Vierecke stehen für hypothetische Tore. Grau sind die älteren Befestigungen auf dem Münsterhügel eingezeichnet.

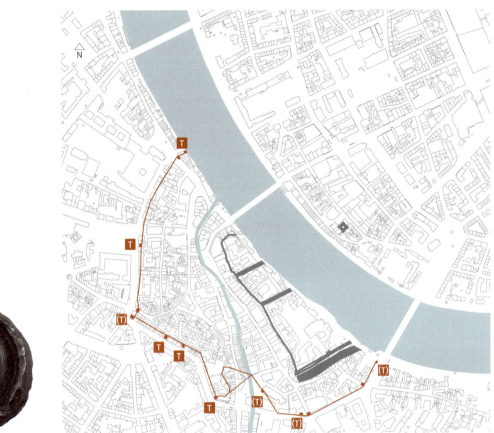

mauer deutlich jünger war als bislang angenommen. Er postulierte deshalb, dass ein von Fechter vermuteter, älterer Mauerring entlang des Birsigs (von dem es keine Spuren mehr gab) die Burkhard'sche Stadtmauer gewesen sei.

Die umfangreichen Ausgrabungen im Verlauf des 20. Jahrhunderts brachten zwei wesentliche Erkenntnisse: Erstens wurden keine Spuren dieses engeren, älteren Mauerrings gefunden, und zweitens entdeckte man bei Untersuchungen im Bereich der Inneren Stadtmauer immer wieder die Reste einer älteren Befestigung. So kam man nach zahlreichen Modifikationen der Pläne und Vorstellungen zum heute gültigen Schluss, dass es sich dabei um die Überreste der Burkhard'schen Stadtmauer handeln muss. Diese verlief praktisch parallel zur Inneren Stadtmauer und lag nur wenige Meter innerhalb derselben.

Verlauf und Ausdehnung

Im Norden stiess die Burkhard'sche Stadtmauer im Bereich Blumenrain/Rheinweg an den Rhein, folgte dann – immer ein paar Meter neben dem heutigen Strassenverlauf – dem Peters- und dem Leonhardsgraben bis zum Lohnhof und führte dann den Kohlenberg hinunter zum Barfüsserplatz (Abb. 10). Diese Stelle muss als eigentlicher Schwachpunkt der Befestigung angesehen werden: Nicht nur bedurfte hier der Birsig eines Einlasses, sondern es bestand auch die Gefahr, dass sich dieser bei Hochwasser stauen und damit das Bauwerk schwächen oder gar zum Einsturz bringen würde. Ausserdem war das Gelände in diesem Bereich wohl sumpfig. Erstaunlicherweise ist aber gerade hier, wo man starke Fundamente erwarten würde, der genaue Verlauf der Mauer auf der linken Talseite bislang nicht nachzuweisen. Der Archäologe Christoph Philipp Matt stellt deshalb anhand diverser Indizien zwei Varianten zur Diskussion, wobei er den direkteren Verlauf für den wahrscheinlicheren hält.[5] Er kann sich auch vorstellen, dass unmittelbar beim Birsigeinlass nur eine Holzpalisade vorhanden war. Rechts des Baches kann die Linie aufgrund von Fundamentresten unter dem Barfüsserplatz und der Kirche als einigermassen gesichert gelten. Auf der Höhe der heutigen Fussgängerunterführung bog die Stadtmauer nach links ab und folgte dem Steinenberg und dem St. Alban-Graben zum Rhein hin, wo ein wie auch immer ausgestalteter Abschluss zu vermuten ist.

Die Rheinseite ist im Bereich des Münsterhügels von Natur aus gut geschützt, was vom Abschnitt zwischen der Schiffländе und dem Blumenrain nicht behauptet werden kann. Eine Befestigung dieser Flanke konnte aber bislang nicht eindeutig nachgewiesen werden. Einziger vager Hinweis ist eine vom Eckturm am Blumenrain nach Südosten abgehende Mauer.

Die Burkhard'sche Stadtbefestigung umschloss also, vereinfacht gesagt, den Münsterhügel mit Vorgelände sowie die Gebiete um Spalenberg, Peters- und Leonhardskirche. Es ist davon auszugehen, dass die Siedlung das umschlossene Gebiet noch nicht vollständig und regelmässig ausfüllte. Sie dürfte sich hauptsächlich auf den Münsterhügel und die sogenannte ‹Talstadt› im Bereich Birsigmündung/Fischmarkt/Schneidergasse – wo die Handwerker wohnten und arbeiteten – konzentriert haben. Es gab aber auch schon Gebäude an der Gerbergasse und auf dem Heuberg. Der Verlauf der Stadtmauer wurde wohl gewählt, um kirchliche Bauten (wie die bereits im ersten Jahrtausend entstandene Peterskirche oder die kurz vor oder gleichzeitig mit dem Mauerbau gestiftete Basilika St. Leonhard) mit einzubeziehen. Gleichzeitig konnte so beim Spalenberg ein alter Verkehrsweg geschützt beziehungsweise mit einem Tor versehen und der strategisch günstige Geländesporn bei St. Leonhard einbezogen werden. So erhielt man eine kompakte Anlage, die die wichtigsten Punkte der Stadt einschloss. Die Gesamtlänge betrug (ohne eine allfällige Befestigung der Rheinseite) rund 1,7 Kilometer.

Beginn und Dauer der Bautätigkeit

Leider gibt es keine Quellen zu Beginn und Ende des Mauerbaus. Ein möglicher Zeitpunkt für den Auftakt der Arbeiten (um 1080) wurde oben schon erläutert, weshalb hier die Frage nach der Baudauer im Zentrum stehen soll. Der Zeitrahmen eines solchen Grossprojektes hängt heute wie früher von zwei wesentlichen Faktoren ab: von der Geldmenge und der Arbeiterzahl. Je mehr Geld und Arbeiter man zur Verfügung hat, desto schnel-

5 Matt/Rentzel 2004, S. 185 ff.

11 Bei Ausgrabungen im Lohnhof konnte 1997/98 ein grösseres, noch gut erhaltenes Stück der Burkhard'schen Stadtmauer einschliesslich des Eckturms untersucht werden.

12 So könnte die Burkhard'sche Stadtmauer im Bereich Leonhardsgraben ausgesehen haben (moderne Rekonstruktion).

ler geht es voran. Nicht zu unterschätzen ist aber auch die Dringlichkeit des Vorhabens, die natürlich vom Bauherrn und den jeweiligen Umständen bestimmt wird. Vor dem Hintergrund der beschriebenen Ereignisse jener Zeit setzte Bischof Burkhard dieses Bauwerk wohl zuoberst auf die Traktandenliste. So dürfte zumindest zu Beginn der Bauarbeiten viel investiert worden sein, um einen raschen Fortgang der Arbeiten zu gewährleisten.

Eine lange Zeitspanne nahm wohl der Aushub des Grabens in Anspruch (dazu mehr im Zusammenhang mit der Äusseren Stadtmauer). Doch auch der Mauerbau brauchte seine Zeit, umso mehr, als aufgrund des verwendeten Kalkmörtels nur in den Sommermonaten gebaut werden konnte: Um eine rechtzeitige Aushärtung zu gewährleisten, mussten die Arbeiten rund einen Monat vor dem Frosteinbruch eingestellt werden. Man baute also ungefähr von April bis Ende September. Der Winter konnte natürlich für andere Arbeiten wie Steinbeschaffung und -bearbeitung, Gewinnung von Kalk etc. genutzt werden. Damit es etwas schneller voranging, konnte man die Arbeiten auch in einzelne Baulose (Bauabschnitte) unterteilen, an denen gleichzeitig gebaut wurde. Die archäologischen Untersuchungen an den Mauerresten haben gezeigt, dass dies denn auch so gehandhabt wurde.

Erwägt man all diese Faktoren, gelangt man zum Schluss, dass für den Bau der Befestigung mindestens acht Jahre vonnöten waren, vorausgesetzt, man hatte genügend Geld und rund hundert Arbeiter auf der Baustelle.[6]

Ausgestaltung der Mauer

Das Aussehen und die Mächtigkeit der Mauer waren nicht an allen Orten gleich. Ausserdem gab es einen markanten Unterschied zwischen der Vorder- und der Rückseite.[7] An der Oberkante des Fundaments betrug die Mauerstärke je nach Standort zwischen 0,9 und 1,5 Meter. Dickere Mauern standen auf der rechten Seite des Birsigeinflusses; zumindest die nachgewiesenen Mauerreste hatten hier eine Breite von 1,5 bis 2 Metern. Schliesslich mussten sie, wie schon erwähnt, gelegentlichen Hochwassern widerstehen können. Nur an einer Stelle war bislang die Höhe nachweisbar: Sie betrug stadtseitig rund 3,5 Meter beziehungsweise sechs bis sieben Meter an der Aussenseite (die Grabentiefe eingeschlossen). Wie die Mauerstärke dürfte jedoch auch sie je nach Lage variiert haben.

Auf der Frontseite versuchte man, ein solides, regelmässiges Mauerwerk zu errichten. Einheitlich hohe Steine sollten möglichst horizontale, schöne Lagen bilden (Abb. 11). Zudem sollte die angestrebte Gleichmässigkeit mit einer speziellen Verputztechnik optisch verstärkt werden: Mit einem feinen Mörtel wurden die Fugen zwischen den Steinen ausgefüllt. Bevor der Putz aushärtete, zog man mit der Kante einer Kelle feine horizontale (und manchmal auch vertikale) Linien. Diese ‹pietra-rasa› genannte Verputztechnik erweckte beim Betrachter den Eindruck, die Mauer sei aus sorgfältig behauenen Quadersteinen gefertigt und nicht aus Bruchsteinen.

Auf der Rückseite gab man sich teilweise bedeutend weniger Mühe. So bestand die Mauer im Bereich des Teufelhofs über weite Strecken aus unbehauenen Steinen (Kieselwacken). Anderswo wurde die Rückwand jedoch genauso sorgfältig gemauert wie die Vorderfront, und auch verputzt. Einzig der verzierende Fugenstrich fehlte hier.

Das Steinmaterial wurde offensichtlich sehr bewusst ausgewählt. So stellte man bei Untersuchungen fest, dass über dem Boden häufig roter Sandstein beziehungsweise Tüllinger Kalkstein verwendet wurde, während man im Fundamentbereich mehr auf Muschelkalkstein setzte, der im feuchten Boden beständiger war.[8] Das Fundament der Mauer war am Grabenrand etwa einen halben Meter in das Erdreich eingetieft und wies einen hohen Anteil an Geröllen auf.

So gut man das Fundament der Mauer und die Zusammensetzung der untersten Lagen kennt, so wenig ist über die Mauerkrone bekannt. Die Burkhard'sche Stadtmauer wurde praktisch überall bodeneben abgerissen. Ein einziges grösseres Mauerstück ist auf dem Leonhardskirchsporn erhalten geblieben. Es verfügt oben über ein Zinnenfenster von

6 Matt/Rentzel 2004, S. 223.
7 Matt/Rentzel 2004, S. 219 ff.
8 Matt/Rentzel 2004, S. 223 f.

einem Meter Breite und 1,3 Metern Höhe. Aus diesem Befund auf einen durchgehenden, regelmässigen Zinnenkranz zu schliessen, wäre vermessen. Ein Absatz an der Mauerinnenseite könnte als Auflage für einen Wehrgang gedient haben, doch auch dessen Ausgestaltung ist alles andere als gesichert (Abb. 12, Seite 22).

Der Graben

Vor der Burkhard'schen Stadtmauer befand sich ein Graben. Da dieser später im Graben der Inneren Stadtmauer aufgegangen ist, lässt sich seine Breite nicht mehr feststellen, doch konnte seine Tiefe auf ungefähr zwei bis zweieinhalb Meter berechnet werden. Wo der Aushub hingebracht wurde, ist nicht bekannt. Eventuell wurde ein Teil davon zur Ausplanierung von Unebenheiten im Stadtinnern verwendet. Gerölle, die beim Ausheben zum Vorschein kamen, wurden wohl für den Bau der Stadtmauer benutzt; dasselbe gilt für feinen Kies und Sand. Eingehende Untersuchungen deuten darauf hin, dass der Graben sehr sorgfältig instand gehalten wurde; offenbar hat man ihn öfters gereinigt und das darin wachsende Gras fleissig gemäht.[9]

Die Türme

Türme (und Tore) bildeten die ‹Höhepunkte› einer jeden Stadtmauer. Sie gaben dem Bauwerk Struktur, verstärkten seinen Repräsentationscharakter und waren Schlüsselstellen bei der Verteidigung im Belagerungsfall. Doch erst die letzten dreissig Jahre erbrachten den Nachweis, dass auch die Burkhard'sche Stadtmauer über zahlreiche Türme verfügt hatte. Archäologisch wurden bis heute drei Türme nachgewiesen: zwei am Leonhardsgraben, einer in der Ecke des Lohnhofs (Abb. 11, Seite 22). Ein vierter – sehr umstrittener – könnte auf dem Areal der heutigen Barfüsserkirche gestanden haben.[10] Die drei erstgenannten Türme besassen einen rechteckigen Grundriss, wobei derjenige im Lohnhof – wohl aufgrund seiner dominanten Ecklage – eine grössere Fläche aufwies. Alle Türme standen vor der Mauer im Graben. Ihre Höhe und ihr Aussehen lassen sich nicht eruieren. Vielleicht waren sie nicht höher als die übrige Stadtmauer (und stellten somit vorkragende Bastionen dar); möglicherweise überragten sie diese aber auch um einige Meter.

Eine unbekannte Zahl weiterer Türme zu vermuten, ist sicher berechtigt. Schliesslich wäre es unlogisch gewesen, einen Viertel der Mauer damit auszustatten und den Rest nicht. Spuren gibt es unmittelbar am Rhein, im heutigen Seidenhof, und in der Nähe der Peterskirche. Ausserdem kann man an anderen exponierten Stellen Türme vermuten, beispielsweise an den Ecken Petersgraben/Leonhardsgraben oder Steinenberg/St. Alban-Graben, wo die Stadtmauer die Richtung änderte, oder an der Rheinhalde im Bereich der heutigen Wettsteinbrücke.

Der strategische Wert dieser Wehrbauten lag wohl weniger in der Funktion als Aussichtsposten. Ihre vorstehende Position deutet eher darauf hin, dass sie dem Schutz der angrenzenden Mauerteile dienten. Vom Turm aus war es möglich, die Befestigung seitlich bestreichen zu können, das heisst, dass man die feindlichen Truppen, die es geschafft hatten, bis in den Graben vorzudringen, nicht nur von oben unter Beschuss nehmen konnte, sondern auch von der Seite. Hinweise auf die Nutzung der Innenräume gibt es nicht. Bislang fehlt auch jeglicher Hinweis auf Öffnungen wie Schiessscharten oder Schlupfpforten. Gewisse Anhaltspunkte sprechen dafür, dass zumindest die unteren Teile der Türme mit Bauschutt oder dem Aushub des Grabens verfüllt waren.

Die Tore

Was für die Türme galt, betraf die Tore noch verstärkt: Ein schön gebautes Tor mit einem darüber gesetzten Turm zeugte vom Reichtum und Wohlstand einer Stadt. Dennoch kann man nicht zwingend davon ausgehen, dass jedes Tor so prächtig war, wie es die erhaltenen Basler Beispiele der Äusseren Stadtmauer sind (über die später noch zu sprechen sein wird). Eine einfache, massive Türe (ein sogenanntes ‹Mauertor›) dürfte mitunter genügt haben, um einen Mauerdurchbruch zu verschliessen.

Von der Burkhard'schen Stadtmauer ist kein einziger Einlass bekannt, geschweige denn seine Ausgestaltung. Aufgrund der Topographie und der Kontinuität der Verkehrsachsen

---

9 Matt/Rentzel 2004, S. 228.
10 Matt/Rentzel 2004, S. 188 f.

ist aber anzunehmen, dass beim Blumenrain, am Ende des Spalenbergs, der Gerbergasse, der Freien Strasse und der Rittergasse Durchlässe vorhanden waren.[11] Die Stadttore wären also an den gleichen Stellen zu vermuten wie die sogenannten ‹Schwibbögen› der nachfolgenden Inneren Stadtmauer. Nun soll keineswegs behauptet werden, dass die Schwibbögen zur Burkhard'schen Stadtmauer gehört hätten. Vielmehr zeigen Abbildungen, dass sie in einer gänzlich anderen, zeitlich später anzusiedelnden Weise errichtet wurden. Auffällig ist jedoch, dass die Schwibbögen in Bezug auf die Flucht der Inneren Stadtmauer leicht zurückversetzt standen, was eher unüblich war. Eigentlich hätten sie somit gut in den Verlauf der Burkhard'schen Befestigung gepasst. Dasselbe gilt für die Fundamenttiefe der Schwibbögen, die im Vergleich zu jener der Inneren Stadtmauer auffallend gering war. Eine mögliche Erklärung für diese Phänomene wäre, dass beim Bau der Inneren Stadtmauer die Lage der Tortürme belassen wurde, ja dass man sogar die Fundamente der bestehenden Tore nutzte, um darauf neue Stadtzugänge zu bauen.

Was übrig blieb

Durch den Bau der Inneren Stadtmauer verlor die Burkhard'sche Befestigung ihre Funktion. Sie wurde meist bodeneben abgebrochen, wahrscheinlich auch, um die Steine für den Neubau wiederzuverwenden.[12] Die letzten Überreste wurden wohl durch das Nachrücken der Häuser an die Stadtmauer beseitigt. Im Wesentlichen sind daher heute nur Fundamente der älteren Mauer erhalten. Einzig auf dem Leonhardskirchsporn sind noch grössere Stücke zu sehen. Die Archäologische Bodenforschung Basel-Stadt hat dort zwei öffentlich zugängliche Informationsstellen eingerichtet: im Keller des Restaurants ‹Teufelhof› am Leonhardsgraben sowie im Eckturm des Lohnhofs am Kohlenberg.[13]

Kennzahlen Burkhard'sche Stadtmauer

> Mauer **Länge** rund 1,7 km

Breite 0,9 – 1,5 m im Fundamentbereich; beim Birsigeinlauf 1,5 – 2 m

Höhe nur an einer Stelle bekannt: 3,5 m an der Innen- bzw. 6 – 7 m an der Aussenseite

Anzahl Tore vermutlich 5

Anzahl Türme vermutlich 8 (oder mehr); 3 davon sicher nachgewiesen

Baubeginn und -dauer um 1080; wohl mindestens 8 Jahre

> Graben **Breite** nicht feststellbar

Tiefe 2 – 2,5 Meter

---

11 Matt/Rentzel 2004, S. 227.
12 Matt/Rentzel 2004, S. 230.
13 Weitere Einzelheiten über Zugänglichkeit und Öffnungszeiten finden sich auf der Homepage der Bodenforschung (www.archaeobasel.ch).

Die Ressourcen
Wer baut womit, und wer bezahlt?

Was kostet eine Stadtmauer? Wo beschafft man sich das Material? Wer baut? Die Dimensionen des Vorhabens kann man vielleicht am ehesten mit heutigen Strassen- oder Eisenbahnbauprojekten vergleichen: Die Errichtung dauert oftmals Jahrzehnte, verschlingt Unsummen an (Steuer-)Geldern, es sind unzählige Leute unterschiedlicher Herkunft beteiligt, und manchmal kommt der Bau aus politischen Gründen ins Stocken.

Geld

Die realen Kosten früherer Bauwerke zu bestimmen, ist immer mit zahlreichen Schwierigkeiten und Unsicherheiten verbunden. Erstens wurden die exakten Kosten nur selten schriftlich und lückenlos festgehalten, zweitens muss die Summe in Bezug zum damaligen Geldwert gesetzt werden, und drittens wurden – vor allem bei staatlichen Bauten im Mittelalter – den Bürgern oftmals Fronarbeit oder Sachleistungen abverlangt. Konkrete Zahlen sind deshalb immer mit Vorsicht zu geniessen. Hinzu kommt, dass die Ausgaben für die Befestigungen oftmals unter dem Stichwort ‹stette buw› aufgeführt wurden, ohne dass genauer unterschieden wurde, ob das Geld nun für die Wehranlagen oder für andere öffentliche Bauten verwendet wurde.[1] Im Fall der Basler Befestigungsanlagen gibt es nur für die Äussere Stadtmauer und für spätere Bauwerke Quellen zu den Baukosten. Sie steigerten sich von 450 Pfund (lb) jährlich zu Beginn der Arbeiten an der äusseren Mauer im Jahr 1361 auf 3921 lb im Jahr 1368. Danach gingen sie bis 1377/78 auf 1058 lb zurück. Es folgte ein etwa fünfjähriger Unterbruch der Bauarbeiten (siehe S. 49). In den 1830er Jahren stiegen die Ausgaben dann wieder markant an und erreichten 1387/88 mit 6651 lb den Höchststand.[2]

Damit man sich eine Vorstellung von diesen Summen machen kann, seien hier einige Vergleiche angeführt: Die genannten Ausgaben machten in der Regel weniger als einen Fünftel, maximal einen Drittel der jährlichen Ausgaben Basels aus;[3] der Baumeister der Stadtmauer, Heinrich Puer, verdiente 1386/87 jährlich 80 Gulden (ein Gulden entsprach in dieser Zeit etwa einem Pfund);[4] im Jahr 1423 bekam Siegmund der Bruckmeister 1 lb, um die Rehe im Stadtgraben zu füttern; 1433 wurden für 25 lb sechs eiserne Ketten angeschafft, um die inneren Stadttore absperren zu können; 1454 kostete die Bemalung des St. Johanns-Tors 6 lb.[5] Im 15. Jahrhundert wurden für den Städtebau jährlich Summen zwischen 700 und 2500 Pfund ausgegeben, die sicher auch grössere oder kleinere Beträge für Arbeiten an der Stadtbefestigung beinhalteten.[6] Die Kosten für den Ersatz eines Turmes (siehe S. 61 ff.) wurden 1527/28 auf 1200 lb veranschlagt.[7]

Ganz andere Dimensionen erhielten die Summen beim Bau der Schanzen im 17. Jahrhundert. Die Arbeiten verschlangen nun pro Woche 2000 lb.[8] Auch wenn sich der Geldwert natürlich nicht mit demjenigen im 14. Jahrhundert vergleichen lässt, waren diese Kosten enorm. Kein Wunder, kamen dem Rat Zweifel, ob die hohen Ausgaben auch wirklich nötig waren (siehe S. 72).

Das Geld für die Befestigungen stammte hauptsächlich aus den ordentlichen Einnahmen wie dem ‹Mühlenungeld› (einer Art Mehlsteuer), aus Einkünften aus der Münzprägung oder aus Bussen. Auch der Johanniterorden zahlte 1374 einen Beitrag dafür, dass seine Klosteranlage künftig innerhalb der Stadtmauern lag. Daneben musste im 14. Jahrhundert aber auch viel Geld geliehen werden. Die Zinsen, die für die Schulden bezahlt werden mussten, erreichten im Jahr 1429/30 den Höchststand von 14 255 lb.[9]

Material

Steine, Holz, Mörtel etc. – der Bau einer Mauer erforderte eine Unmenge an Material. Das grösste Problem stellte dabei der Transport dar. Da dieser über den Landweg äusserst mühselig war, versuchte man, wenn immer möglich, das Material mit Schiffen heranzuschaffen. Dies zeigen sehr anschaulich die Untersuchungen, die an der Burkhard'schen und Inneren Stadtmauer vorgenommen wurden.[10] Man konnte nachweisen, dass die Steine und der für den Mörtel nötige Kalk mit Vorliebe in gewässernahen Steinbrüchen

1 Helmig/Matt 1991, S. 72.
2 Baer et al. 1932, S. 148 f., Müller 1955, S. 36.
3 Kaufmann 1949, S. 40.
4 Baer et al. 1932, S. 150.
5 Alle drei Beispiele aus Müller 1955, S. 41 ff.
6 Helmig/Matt 1991, S. 72.
7 Kaufmann 1949, S. 50.
8 Baer et al. 1932, S. 156.
9 Kaufmann 1949, S. 40.
10 Matt/Rentzel 2004, S. 197 ff.

13 Einer der jüdischen Grabsteine, die nach der Schändung des Friedhofs 1349 zur Abdeckung der Kontermauer vewendet wurden.

entlang von Wiese und Rhein abgebaut worden waren. Um an qualitativ hochwertige rote Sandsteine zu gelangen, scheute man auch den weiten Weg nach Degerfelden (rund 40 km von Basel) nicht. Hauptsächlich wurde jedoch Kalkstein verbaut, den man aus der näheren Umgebung bezog. Mörtelzuschlagstoff wie Sand und Kies besorgte man sich lokal, eventuell sogar aus dem Aushub des Grabens. Auch die unbearbeiteten Kieselwacken werden nicht von allzu weit her kommen. Bei der Inneren Stadtmauer ist ausserdem davon auszugehen, dass man noch brauchbare Steine von der abgebrochenen Burkhard'schen Mauer wiederverwendete. In einzelnen Fällen sind gar – wie bei der spätrömischen Befestigung auf dem Münsterhügel – Spolien aus Augusta Raurica nachgewiesen (siehe S. 13). Erwähnt sei hier noch ein düsteres Kapitel der Basler Geschichte: Nach dem Judenpogrom im Jahre 1348/49 verwendete man die Grabsteine aus dem geschändeten jüdischen Friedhof zur teilweisen Abdeckung der Kontermauer (zum Begriff siehe S. 33) des inneren Stadtgrabens (Abb. 13).[11]

Beim Bau der Äusseren Stadtmauer kaufte sich die Stadt zur Beschaffung des nötigen Bauholzes in Olsberg (heute Kanton Basel-Landschaft) einen ganzen Wald. Die geschlagenen Bäume wurden dann über weite Strecken geflösst (wie auch das Holz von anderen Orten).[12] Ebenfalls auf dem Wasserweg wurde das Steinmaterial (Sand- und Kalkstein) befördert.

Beteiligte

Am Bau der Stadtmauer arbeiteten verschiedene Personengruppen mit: angefangen bei den Auftraggebern, über die Planer und Baumeister bis hin zu den einfachen Arbeitern oder Bürgern. Dank den Ausgabenbüchern sind einige – höhergestellte – Beteiligte auch namentlich bekannt. Interessant sind die Angaben zu den einfachen, namenlosen Arbeitern. Vielfach wurden für die Bauarbeiten fremde Leute herbeigeholt. Manche Festungsbauer brachten gleich ihre eigenen Arbeiter mit. Oftmals mussten daneben aber auch die Bürger der Stadt Frondienst leisten, wie dies zum Beispiel für den Schanzenbau im 17. Jahrhundert belegt ist.[13] Beim Bau der Bollwerke um 1530 kam noch eine weitere Bevölkerungsgruppe hinzu: Täglich arbeiteten hier rund zweihundert arme, arbeitslose Menschen, die sich in dieser Zeit grossen Hungers ihr tägliches Brot verdienten.[14] Ironie der Geschichte: Rund 330 Jahre später waren es wiederum Arbeitslose, die bei der Leonhardsschanze für den Abbau der Befestigung sorgten.[15]

11 Matt/Rentzel 2004, S. 233 f.
12 Baer et al. 1932, S. 160.
13 Baer et al. 1932, S. 156.
14 Baer et al. 1932, S. 152.
15 Müller 1956, S. 184.

Der zweite Ring
Die sogenannte ‹Innere Stadtmauer›

Etwas mehr als hundert Jahre nach dem Bau der Burkhard'schen Stadtbefestigung wurde ein zweiter Ring um Basel gelegt. In Analogie zur ‹Äusseren Stadtmauer› und in Unkenntnis des älteren Bauwerks erhielt sie später den Namen ‹Innere Stadtmauer›. Seit der (Wieder-)Entdeckung der Burkhard'schen Mauer müsste sie eigentlich ‹mittlere› Mauer heissen; auf eine Umbenennung wurde aber verzichtet, um keine Verwirrung zu stiften.

Das 13. Jahrhundert – wenig mehr, aber besser

Was bringt die Stadtoberen dazu, eine bestehende Befestigung einzureissen und eine neue aufzubauen? Dafür können mehrere Gründe ausschlaggebend sein:

› Wachstum: Die Stadt ist stark gewachsen, so dass es innerhalb der Mauern keine freien Bauplätze mehr gibt. Vor den Mauern sind deshalb Ansiedlungen entstanden, welche nun mit einem neuen Ring geschützt werden sollen.

› Technologie: Neue Waffen und Angriffsstrategien erzwingen eine andere, stärkere Bauweise der Verteidigungsanlagen.

› Baumängel: Die alte Mauer ist in einem schlechten Zustand. Einzelne Teile zerfallen oder sind beschädigt. Das Bauwerk wurde möglicherweise sogar an einem falschen Ort oder mangelhaft errichtet.

Welcher Grund oder welche Gründe in Basel ausschlaggebend waren, entzieht sich leider mangels schriftlicher Quellen unserer Kenntnis. Zwei Möglichkeiten können aber ausgeschlossen werden: Mit dem Neubau der Mauer schloss man nicht wesentlich mehr Fläche ein, als vorher schon zur Verfügung gestanden hatte. Die neue Mauer wurde meist nur ein paar Meter weiter aussen errichtet; einzig im Bereich des Birsigeinlasses nahm man eine Begradigung vor (Abb. 14, Seite 30). Am Raumbedarf der Stadt kann es also kaum gelegen haben. Auch eine wesentliche Neuerung der Kriegstechnik fand in dieser Zeit nicht statt. Kommen noch bauliche Mängel als Ursache in Frage. Da von der Burkhard'schen Mauer nur wenig übrig geblieben ist, kann darüber bloss spekuliert werden. Es ist aber auffällig, dass man die neue Mauer rund doppelt so dick erbaute, der Graben tiefer und wohl auch breiter ausfiel und die Wehrtürme verstärkt wurden. Die Befestigung erfuhr also – aus welchen Gründen auch immer – eindeutig eine qualitative Wertsteigerung.

Verlauf und Ausdehnung

Die Innere Stadtmauer verlief, wie oben erwähnt, meist wenige Meter ausserhalb der Burkhard'schen Befestigung (Abb. 14, Seite 30). An manchen Stellen (oberer Petersgraben, oberer Steinenberg und St. Alban-Graben) wurde sie sogar am gleichen Ort errichtet. Da sie wesentlich länger Bestand hatte – über weite Strecken blieb sie bis ins 19. Jahrhundert intakt –, prägte sie Basels Strassenzüge mit, und ihr Verlauf zeichnet sich noch heute gut auf dem Stadtplan ab. Der dazugehörige Graben lebt in den Strassennamen ‹Peters-›, ‹Leonhards-› und ‹St. Alban-Graben› fort. So kann man sich also, von der Wettsteinbrücke herkommend, an der Häuserfront des St. Alban-Grabens orientieren, um die Innere Stadtmauer zu erahnen. Zwischen dem Banken- und dem Barfüsserplatz muss vor dem inneren Auge einfach die Baulücke auf der rechten Steinenbergseite ausgefüllt werden. Der Abschnitt im Bereich des Birsigeinlasses war die einzige nennenswerte Abweichung gegenüber der Burkhard'schen Stadtmauer. Hier wurde der eingezogene Verlauf der älteren Befestigung zugunsten einer mehr oder weniger geraden Linie aufgegeben. Auf der anderen Talseite wird es etwas schwieriger, sich das Bauwerk zu vergegenwärtigen: Dort rückte das erste Haus an der Ecke Barfüsserplatz/Kohlenberg nach dem Abbruch der Mauer einige Meter Richtung Graben, doch schon auf der Höhe des Tramhäuschens ist die ehemalige Flucht wieder klar erkennbar (Abb. 15, Seite 30). Mit dem Turm in der Lohnhofecke und der tief in den Hang geschnittenen Strasse zeigt sich hier die Mächtigkeit der Stadtmauer eindrücklich. Am Leonhardsgraben verlaufen die Baufluchten heute wenige Meter vor der ehemaligen Befestigung. Dafür stimmen sie am oberen Petersgraben bis zur Peterskirche wieder ungefähr mit dieser überein; weiter unten verlief die Stadtmauer aber deutlich weiter weg vom heutigen Strassenrand. Am Rhein lassen sich heute noch an der Fassade und im Dach des Seidenhofs Elemente des ehemaligen Eckturms erahnen.

Wie bei der Burkhard'schen ist auch bei der Inneren Stadtmauer die Art der Sicherung des Rheinufers weitgehend unbekannt. Einzig das Rheintor sowie ein Turm (eventuell zwei) können heute als gesichert gelten. Zumindest im Abschnitt zwischen Schifflände und Blumenrain dürfte eine Befestigung existiert haben.[1]

Obwohl die Innere Stadtmauer unwesentlich mehr Fläche als der ältere Mauerring einschloss, war ihre Länge mit 1660 Metern (wiederum ohne Berücksichtigung einer all-

---

1 Matt/Rentzel 2004, S. 195 f.

14 Übersichtsplan zur Inneren Stadtmauer (orange). Grau der Verlauf der älteren Befestigungen. Man kann deutlich erkennen, dass sich im Vergleich zur Burkhard'schen Stadtmauer nur wenig verändert hat (vgl. Abb. 10, Seite 20).

15 Der Lohnhof nach 1865. In diesem Bereich kann man sich heute noch die Innere Stadtmauer und den dazugehörigen Graben gut vorstellen.

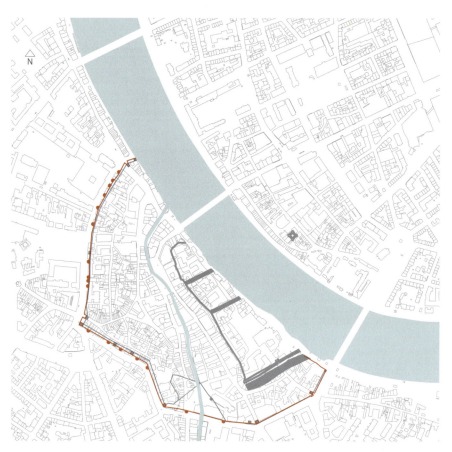

fälligen Befestigung entlang des Rheins) etwas kürzer, weil sie beim Barfüsserplatz einen direkteren Verlauf nahm.

Gab es in der Anfangszeit der Burkhard'schen Stadtmauer innerhalb der Umwehrung zweifellos noch zahlreiche freie Flächen, so wurden diese nach und nach überbaut. Es ist davon auszugehen, dass bei der Errichtung der Inneren Stadtmauer das gesamte umschlossene Gebiet mehr oder weniger dicht mit Häusern und Strassen ausgefüllt war.

Beginn und Dauer der Bautätigkeit

Wer die Errichtung der Inneren Stadtmauer angeordnet hat, wann mit dem Bau begonnen wurde und wie lange die Erstellung gedauert hat, ist leider bis heute nicht belegbar. Es fehlen jegliche Quellen. Das einzige Datum, welches Rückschlüsse auf die Entstehungszeit der Mauer zulässt, findet sich in einer Urkunde des Bischofs Berthold. Dieser erlaubte 1250 dem Orden der Barfüsser die Errichtung einer Kirche mit Kloster innerhalb der Stadtmauern.[2] Da sich die Reste der Burkhard'schen Mauer heute unter Kirche und Kloster befinden, muss zu diesem Zeitpunkt die Innere Stadtmauer schon bestanden haben. Heute wird deshalb als Zeithorizont für die Errichtung der Wehranlage die erste Hälfte des 13. Jahrhunderts angenommen. Die Dauer der Bauarbeiten ist jedenfalls – aufgrund des breiteren Grabens und der massigeren Mauer – länger zu veranschlagen als bei der Burkhard'schen Befestigung.

Bezeichnenderweise fiel das Bauvorhaben in eine Zeit, in der in Basel ohnehin eine rege Bautätigkeit herrschte. So erfolgte ein weiteres wichtiges Ereignis der Stadtgeschichte möglicherweise gleichzeitig mit der Errichtung der Inneren Stadtmauer: der Bau der ersten Basler Rheinbrücke um 1225.

Ausgestaltung der Mauer

Wie gross die Qualitätssteigerung durch den Bau der Inneren Stadtmauer war, belegt ein Vergleich mit den Ausmassen der älteren Anlage.[3] Während die Burkhard'sche Mauer im Fundament eine Stärke zwischen 0,9 und 1,5 Metern aufwies, brachte es ihre Nachfolgerin auf stolze 1,9 bis 2,3 Meter. Wiederum standen die breitesten Mauern im Bereich des Birsigeinlasses: 3,5 Meter mass hier die Innere Stadtmauer und übertraf damit die ältere Befestigung um gut das Doppelte. Das Fundament begann zudem rund 1,5 bis 2 Meter weiter unten. Auch über der Erde war die Innere Stadtmauer noch rund 1,2 bis 1,4 Meter breit; eine erstaunliche Mächtigkeit für eine Zeit, die noch keine Feuerwaffen kannte (siehe S. 14). Die Höhe an der Innenseite betrug im Bereich des Lohnhofs fünf bis sechs Meter, vom Gehniveau an gemessen. An der Aussenseite kommt man, das Fundament miteingerechnet, auf eine Gesamthöhe von elf bis zwölf Metern. An anderen Orten scheint die Mauer etwas niedriger gewesen zu sein.

Die Vorderfront der Mauer bestand aus recht grossen, massigen, quaderähnlichen Steinen. Man wählte das Baumaterial sehr sorgfältig aus. Beim Birsigeinlass verwendete man bossierte Sandsteinquader; das heisst, dass die sichtbare Seite der Steine an den Rändern, entlang den Fugen, flach zugehauen war, während die Innenfläche leicht hervortrat. Eine aufwändige Technik, die aber sehr repräsentativ wirkte und vor allem bei Toren und Türmen Verwendung fand. Hier beim Birsig wäre allerdings auch denkbar, dass dieser Teil der Mauer zu einem späteren Zeitpunkt (vielleicht nachdem ihn ein Hochwasser geschwächt hatte) ersetzt worden ist.

Die Rückseite war ähnlich ausgestaltet wie die Vorderfront, jedoch fanden hier etwas kleinere Steine Verwendung. Bis ungefähr zur Abbruchkante der Burkhard'schen Mauer wurde das Bauwerk mit dem Grabenaushub hinterfüllt.[4] Für die Füllung des Mauerkerns verwendete man Kieselwacken und zweitklassiges Steinmaterial oder auch grössere Steinblöcke, die durchaus auch für die Front zu gebrauchen gewesen wären. Anders als bei der Burkhard'schen Stadtmauer lässt sich hier in Bezug auf die verwendeten Gesteinsarten kein Unterschied zwischen dem Fundament und den oberirdischen Mauerteilen feststellen. Ursprünglich war die Mauer durch einen rauen, besenwurfartigen Verputz geschützt. Während der Jahrhunderte, die die Mauer in Gebrauch war, wurde dieser Putz mehrmals und in verschiedener Technik erneuert.

2 Matt/Rentzel 2004, S. 140.
3 Matt/Rentzel 2004, S. 230.
4 Hier wie im Folgenden Matt/Rentzel 2004, S. 229 f.

16 Auf dem Vogelschauplan von Matthäus Merian von 1615/22 ist – neben den äusseren Befestigungsanlagen – die Innere Stadtmauer gut zu erkennen.

Ein besonders gut erhaltenes Stück am Kohlenberg weist oben einen Zinnenkranz auf. Bildliche Darstellungen aus späterer Zeit bezeugen, dass dies bei den anderen Mauerabschnitten genauso war.

Der Graben

Wenn man sich die Ausmasse der Inneren Stadtmauer vor Augen führt, ist es nicht verwunderlich, dass auch der dazugehörige Graben seinen Vorgänger bei Weitem übertraf. Die Grabenbreite schwankte zwischen dreizehn und achtzehn Metern, seine Tiefe betrug etwa 5,5 Meter.[5] Dank zahlreichen historischen Bildern und Plänen sind aber nicht nur die Ausmasse des Grabens, sondern ist auch seine Ausgestaltung sehr gut bekannt (Abb. 16). Im Bereich Kohlenberg/Lohnhof hat sich ein Teil bis heute erhalten (Abb. 15, Seite 30). Es handelt sich um einen sogenannten ‹Sohlgraben›, was bedeutet, dass dessen Boden relativ flach war. Stadtseitig wurde er durch die Stadtmauer abgeschlossen, auf der gegenüberliegenden Seite durch eine senkrechte Böschungsmauer. Diese Kontermauer besass eine über das Bodenniveau hinausragende Brüstung.

Auf Bildern des 17. Jahrhunderts führen ein- bis zweibogige steinerne Brücken über den Graben (Abb. 16). Sie dienten wohl als Ersatz für ältere Holzkonstruktionen. Anzeichen für Zugbrücken gibt es keine (siehe S. 35).

Wenn sich im Graben Regenwasser sammelte, floss es in den Rhein und in den Birsig ab. Wohl Ende des 18. Jahrhunderts wurde von einer privaten Dolengesellschaft eine Abwasserleitung (Kloake) in den Graben gelegt, die nicht nur das Regenwasser, sondern auch diverse Abwässer wegspülte. Sie blieb nach der Verfüllung des Grabens und bis ins 20. Jahrhundert hinein in Betrieb.[6] Gelegentlich kommen heute bei Tiefbauarbeiten noch Teile davon zum Vorschein, was zur Legende eines ‹unterirdischen Ganges› geführt hat. Ursprünglich wäre eine solche zivile Nutzung des Grabens wohl kaum möglich gewesen; ja selbst das unbefugte Betreten dieser militärischen Anlage war untersagt. Mit der Zeit (vor allem nach der Errichtung der Äusseren Stadtmauer) gab man den Graben für gewisse Nutzniessungen frei. So wurde bereits im 14. Jahrhundert ein Abschnitt des Leonhardsgrabens als Schiessplatz für Feuerwaffen verwendet. Beim Kunostor hatte der Büchsenmeister seine Werkstatt im Graben, beim Barfüsserplatz vielleicht die Seiler, und ab dem 15. Jahrhundert wurden Grabenareale gegen Zins an Anlieger verpachtet, die dort den Boden als Garten nutzten.

Die Türme

Betrachtet man die ersten Vogelschaupläne der Stadt Basel aus dem 16. und 17. Jahrhundert (Abb. 16), sieht man, dass die Innere Stadtmauer mit zahlreichen Türmen ausgestattet war. Besonders entlang des Peters- und Leonhardsgrabens folgten halbkreisförmige Schalentürme in mehr oder weniger gleichmässigen Abständen aufeinander. Am Petersgraben ist einer davon noch heute erhalten (Abb. 18, Seite 34). Auch am Steinenberg ist auf den Darstellungen ein solcher zu erkennen, hingegen fehlen die Schalentürme im Bereich St. Alban-Graben vollständig. Überdies sind auf dem Vogelschauplan von Matthäus Merian (1615/22) rechteckige Türme zu erkennen (beispielsweise am Petersgraben), die besser in die Stadtmauer integriert waren.

Erst die Forschung der letzten fünfzehn Jahre konnte die unterschiedlichen Turmformen in eine zeitliche Beziehung zum Bau der Inneren Stadtmauer bringen, denn nicht alle Türme sind gleichzeitig mit dieser entstanden (Abb. 17, Seite 34). Die unteren Teile der rechteckigen Türme stammten in den meisten Fällen noch aus der Zeit der Burkhard'schen Befestigung. Sie wurden anlässlich des Baus der Inneren Stadtmauer teilweise verstärkt, in den Mauerverlauf bündig integriert oder aufgestockt (etwa der Turm im Teufelhof). Andere Turmbauten wurden offenbar in ihrer alten Form belassen, mussten aber wahrscheinlich nach dem grossen Erdbeben von 1356 erneuert werden.[7]

Sonderfälle waren der Esel- und der Wasserturm im Bereich des Birsigeinlasses. Bei Ersterem handelte es sich um einen rechteckigen Turm, der nach aussen einen halbrunden Abschluss besass. Unmittelbar daneben befand sich ein Mauertor – das sogenannte ‹Eselstürlein› –, das wohl durch den Turm geschützt wurde. Um einen ‹Torturm› im übertrage-

5 Matt/Rentzel 2004, S. 232 f.
6 Hier wie im Folgenden Matt/Rentzel 2004, S. 233.
7 Matt/Rentzel 2004, S. 231 f.

17 Die Entwicklung von der Burkhard'schen Stadtmauer bis zum Anbau der Schalentürme am Beispiel des heutigen Teufelhofs (Leonhardsgraben 47/49). Das mittlere Bild zeigt, wie manche der viereckigen Türme in die Innere Stadtmauer einbezogen wurden (auf der linken Seite des Grabens die Kontermauer).

18 Der einzige erhaltene Schalenturm der Inneren Stadtmauer am Petersgraben.

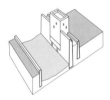
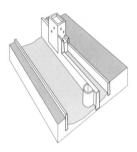

nen Sinn handelte es sich beim nahe gelegenen Wasserturm. Er stand direkt über dem
Birsigeinlass, den er bewachte. Ein keilförmiger Wellenbrecher teilte den Birsig hier in
zwei Arme und bildete zugleich das Fundament für den quadratischen Turm, der wiederum
mit seinem Gewicht den Bogenpfeiler festigte. Wie die gesamte Stadtmauer in der Birsig-
niederung waren beide Türme sehr repräsentativ mit bossierten Steinquadern versehen.
Hinsichtlich der Schalentürme konnte die Bauforschung in den letzten Jahren eindeutig belegen, dass sie nicht gleichzeitig mit der Mauer errichtet wurden. Sie stammten
wohl aus der Zeit um 1300 und waren somit gut fünfzig Jahre jünger als die Stadtmauer
(Abb. 17).[8] Die Schalentürme wurden halbkreisförmig an die Stadtmauer angebaut und
waren hinten offen oder nur in Leichtbauweise geschlossen. Im Gegensatz zu den massiven rechteckigen Türmen hatten sie mit ihren bescheidenen Mauerdicken und den spär-
lichen Zinnen und Scharten wohl keine besondere Wehrfunktion. Es handelte sich eher
um Elemente militärischer Repräsentationsarchitektur der angrenzenden Patrizierhöfe,
in denen die adligen Stadtbürger wohnten. Dies würde auch ihr Fehlen am St. Alban-
Graben erklären, weil dort das Gelände mehrheitlich zur bischöflichen Dompropstei ge-
hörte. Bei einigen der halbrunden Anbauten auf dem Merian-Plan könnte es sich auch
um (nachträglich umgenutzte?) Latrinentürme handeln.

Erwähnenswert ist noch ein Turm am Rheinufer, der sogenannte ‹Salzturm›. Dieser
Wehrbau stand am linken Ufer der Birsigmündung unter dem heutigen Hotel ‹Les Trois
Rois›. Er wurde wohl um 1200, kurz vor dem Bau der Inneren Stadtmauer, errichtet. Seine
rund 1,2 Meter dicke Mauer bestand aus mächtigen bossierten Steinquadern. Der Salzturm ist wahrscheinlich einer Gruppe von städtischen Wehrtürmen zuzuordnen, von denen drei weitere im Stadtinnern lagen. Sie waren nicht mit Mauern untereinander verbunden, sondern standen für sich allein.[9]

Die Tore

Insgesamt sieben Eingänge führten auf der Landseite durch die Innere Stadtmauer.[10] Vier
davon waren mit prächtigen Tortürmen – den sogenannten ‹Schwibbögen› – versehen.
Ein weiterer Eingang war das schon erwähnte Eselstürlein; daneben sind noch zwei Nebeneingänge bekannt.

Die stattlichsten Bauwerke der Inneren Stadtmauer aber waren die vier Tortürme. Sie
standen an den wichtigen Ausfallstrassen der Stadt: der St. Albanschwibbogen (auch
‹Kunostor› oder ‹Inneres St. Alban-Tor› genannt) am östlichen Ende der Rittergasse, der
Aeschenschwibbogen (auch ‹Eschemars-› oder ‹Inneres Aeschentor›) am oberen Ende der
Freien Strasse, der Spalenschwibbogen (auch ‹Spalenturm› oder ‹Inneres Spalentor›) am
höchsten Punkt des Spalenbergs und der St. Johanns-Schwibbogen (auch ‹Kreuztor› oder
‹Inneres St. Johanns-Tor›) am westlichen Ende des Blumenrains. Auch wenn die Tore wohl
erst in späteren Jahrhunderten mit Malereien und Uhren verziert wurden, kann man
doch davon ausgehen, dass sie sehr repräsentativ auf die ankommenden Fremden oder
heimkehrenden Einheimischen gewirkt haben (Abb. 19, Seite 36, und Abb. 7, Seite 15). So
war das Torgeschoss jeweils durchgehend aus bossierten roten Sandsteinquadern erbaut,
und die oberen Turmabschnitte besassen ursprünglich ebensolche Ecksteine (vielleicht
bestanden die Obergeschosse auf der Feldseite auch vollständig aus Sandsteinen). Wie
schon im Kapitel über die Burkhard'sche Befestigung erwähnt, standen die rechteckigen
Tortürme gegenüber der Mauer leicht zurückversetzt, was vielleicht auf ihren älteren Ur-
sprung verweist. Auf den zahlreichen Gemälden und Fotografien aus dem 19. Jahrhundert
finden sich an den Toren keine Hinweise darauf, dass die Zugänge mittels Zugbrücken
verschlossen werden konnten. So fehlen etwa die dafür typischen Mauerlöcher für die
Zugseile oder die Nischen zur bündigen Aufnahme der Holzbrücken.

Neben diesen ‹offiziellen› Stadteingängen und dem Eselstürlein gab es noch zwei kleinere
Nebeneingänge: das St. Peters- und das St. Leonhardsgänglein. Beide gründeten auf Son-
derrechten der entsprechenden, wichtigen Stifte, die vor der Stadtmauer Land besassen.
Wann diese Nebeneingänge geöffnet worden sind, ist unbekannt, beide werden aber in
der Zeit des Basler Erdbebens (1356) schon erwähnt.

---

8 Matt/Rentzel 2004, S. 231 f.
9 Matt 2004, S. 40 ff.
10 Hier wie im Folgenden Matt/Rentzel 2004, S. 232.

19 Der St. Albanschwibbogen vor 1873.

Ein wichtiger Stadteinlass blieb bislang noch unerwähnt: das Rheintor (auch ‹Rheinturm› genannt). Es entstand zweifellos gleichzeitig mit der ersten Basler Rheinbrücke (heute Mittlere Brücke) 1225/26. Das Rheintor galt im Mittelalter als stärkste Befestigung Basels.[11] Es dürfte als einziges Tor auch eine Zugbrücke aufgewiesen haben, die aber wohl im 14. Jahrhundert durch eine feste Brückenpartie ersetzt wurde. Ansonsten war der Torturm in einem ähnlichen Stil wie die anderen Tore erbaut, ausser dass er aufgrund der erosionsgefährdeten Lage viel tiefer fundamentiert war. Das Rheintor wies vermutlich schon früh künstlerischen Schmuck auf und war wohl zu allen Zeiten ein besonders schön verziertes Bauwerk (siehe S. 42). Im Jahr 1440 wird erstmals das ‹Niedere Rheintor› erwähnt. Dabei handelt es sich um einen seitlich unmittelbar an das Rheintor angrenzenden Zweiteingang. Seine Erbauung fand wahrscheinlich schon im 14. Jahrhundert statt und fiel vielleicht mit der Entfernung der Zugbrücke zusammen.

Zuletzt seien hier noch drei besondere Durchlässe durch die Innere Stadtmauer erwähnt: Beim Lohnhof, nordöstlich des Aeschenschwibbogens und bei der Dompropstei am St. Alban-Graben wurde in der zweiten Hälfte des 13. Jahrhunderts die Mauer aufgebrochen, um Wassereinlässen (‹Brunnwerken›) Platz zu verschaffen. Sie dienten der Errichtung der sogenannten ‹Spalen-› und ‹Münsterwerke› – von wichtigen Bestandteilen der Basler Wasserversorgung. Einen weiteren Wassereinlass gab es am unteren Kohlenberg, wo der Rümelinsbach (ein künstlich angelegter Gewerbekanal) in die Stadt geleitet wurde.

Was übrig blieb

Eigentlich könnte man davon ausgehen, dass mit dem Bau des dritten Ringes, also der Äusseren Stadtmauer, der zweite seine Funktion verloren hätte und folglich im Laufe der Zeit abgerissen worden wäre. Schliesslich hätte man das Steinmaterial gut weiterverwenden können, und Bauplätze in der Innenstadt waren meistens auch sehr gesucht. Trotzdem blieben grosse Teile der Inneren Stadtmauer bis weit ins 19. Jahrhundert hinein erhalten. Ja man nutzte sie sogar weiterhin, indem man beispielsweise an den Toren Vorrichtungen montierte, um sie im Bedarfsfall mit Ketten gegen einfallende Reiter zu schützen. Anscheinend traute man der Äusseren Stadtmauer doch nicht ganz, oder man fürchtete sich vor den eigenen Vorstadtbewohnern. Die Türme wurden zudem immer wieder mit Zierwerk, mit Malereien oder Uhren versehen.

Dennoch ist heute keines der Tore mehr zu sehen. Sie wurden im 19. Jahrhundert allesamt beseitigt. Hingegen kann einer der Schalentürme – zu einem barocken Pavillon umgebaut – noch immer am Petersgraben betrachtet werden (Abb. 18, Seite 34), und der Stadtgraben lässt sich im Bereich Kohlenberg weiterhin erahnen. Einzelne Mauerteile haben sich in den Brandmauern zahlreicher Häuser erhalten (so zum Beispiel am Leonhardsgraben). Auch können zahlreiche durch Archäologen entdeckte und freigelegte Mauerfundamente besichtigt werden, etwa in der Theaterpassage unter dem Steinenberg, im Keller des Antikenmuseums oder bei den erwähnten Informationsstellen der Archäologischen Bodenforschung (siehe S. 25).

Kennzahlen Innere Stadtmauer

> Mauer **Länge** 1660 m
> **Breite** 1,9–2,3 m im Fundamentbereich; 1,2–1,4 m im Aufgehenden; beim Birsigeinlauf 3,5 m
> **Höhe** 5–6 m an der Innenseite bzw. 11–12 m ab Grabensohle
> **Anzahl Tore** 6 Haupt- und 2 Nebeneingänge
> **Anzahl Türme (ohne Tortürme)** vermutlich 10 Rechtecktürme und 15 Schalentürme
> **Baubeginn und -dauer** 1. Hälfte 13. Jh.; unbekannt

> Grabe **Breite** 13–18 m
> **Tiefe** 5,5 m

---

11 Helmig/Matt 1992, S. 167 ff.

Kleinbasel
Eine Stadt vor der Stadt

Viele Leute auf der rechten Rheinseite wissen eines ganz genau: Kleinbasel ist eine eigene Stadt – ungeachtet der Tatsache, dass es 1392 von Grossbasel käuflich erworben wurde. Doch auch die ‹Mindere Stadt› entwickelte sich – wie die Vorstädte links des Rheins – entlang einer Ausfallachse Grossbasels. Damit sind die Gemeinsamkeiten aber auch schon erschöpft, denn Kleinbasel wuchs schneller als die Basler Vorstädte. Auch in Bezug auf die Befestigung fuhr es in den ersten Jahrhunderten nach einem eigenen Fahrplan. Die Stadt vor der Stadt tickt eben anders!

Das 13. Jahrhundert – kaum gegründet, schon zu klein

Etwa während des Baus der Inneren Stadtmauer liess der Stadtherr Bischof Heinrich von Thun 1225 die erste Rheinbrücke errichten. Sie stand am selben Ort wie die heutige Mittlere Brücke. Auf Grossbasler Seite wurde dadurch der Bau des Rheintors notwendig, und auch am anderen Ufer dürfte der Übergang befestigt gewesen sein, auch wenn es dafür bislang noch keine Belege gibt. Entlang der Ausfallstrassen wuchs schnell eine Siedlung heran, die natürlich auch eines Schutzes bedurfte. Bereits um 1255 werden Stadtgräben genannt. 1256 und 1265 ist in den Quellen von zwei Stadttoren zu lesen und 1270 auch von einer Stadtmauer.[1] Sie verlief wohl von Anfang an von der Kasernenstrasse zum Claragraben und einige Meter westlich der heutigen Wettsteinstrasse zurück zum Rhein (Abb. 20, Seite 40, orange Linie).[2] Um 1272 bis 1278 siedelten sich die Schwestern eines Dominikanerinnenklosters an (Kleines Klingental), dem es aber schon bald an Platz mangelte. Deshalb erlaubte der Bischof 1278 die Erweiterung nach Norden, über die Stadtmauer hinaus. Allerdings unter der Bedingung, dass das Areal auf Kosten des Klosters befestigt werde (Abb. 20, Seite 40, blaue Linie). Diese Erweiterung um das heutige Kasernenareal ist auf allen späteren Plänen gut zu erkennen (Abb. 16, Seite 32, und Abb. 25, Seite 48). Damit war die Siedlungsgrösse Kleinbasels abgesteckt, die bis ins 19. Jahrhundert Bestand haben sollte.

Die Kleinbasler Mauer verlief von Eckpunkt zu Eckpunkt gerade und war (gemäss späteren Darstellungen) mit Zinnen bekrönt (Abb. 21, Seite 40). An den Ecken standen teils imposante Türme. Zwei davon sind auf der nordöstlichen Seite auszumachen. Sie waren in den Graben vorgebaut. Dieser hatte wohl eine Breite von 9,5 und eine Tiefe von 3,5 Metern. Nicht gerade viel, wenn man ihn mit dem zeitgleich entstandenen Graben der Inneren Stadtmauer vergleicht. Im Bereich der heutigen Kreuzung Untere Rebgasse/Klingentalstrasse stand das Bläsitor (anfänglich ‹Isteinertor› genannt). Ein zweiter Stadtausgang – das Riehentor – befand sich dort, wo heute die Riehenstrasse auf den Claragraben trifft.

Doppelt genäht, hält besser

Irgendwann wurde der Schutz Kleinbasels wohl als zu dürftig angesehen. Doch statt dass man die alte Mauer ersetzte (wie man das auf der Grossbasler Seite gehandhabt hatte), wurde einfach ein zweiter Mauerwall mit Graben vor den bisherigen Graben gesetzt (Abb. 20, Seite 40, grüne Linie). Im Vorfeld des Bläsitors wurde zudem eine Art Bollwerk mit einer Kapelle und einem zweiten Tor errichtet (Abb. 25, Seite 48, unten rechts). Wann dies alles genau geschah, ist nicht bekannt, doch sind Bauausgaben für die Jahre 1443/44 belegt.[3] Andererseits gibt es Vermutungen, wonach der Eckturm am anderen Stadtende – der sogenannte ‹Isteinerturm› – aus Steinen erbaut wurde, die von der Schleifung der Feste Istein stammten.[4] In diesem Fall wäre er – und wären vermutlich auch Teile der Mauer – schon zwischen 1409 und 1411 errichtet worden. Dies würde auch den Namen des Turms erklären.

Die Rheinseite der Siedlung war ursprünglich wohl bloss durch eine geschlossene Häuserzeile geschützt. Erst im 16. Jahrhundert wurde vor dieser eine mit Zinnen bewehrte Mauer errichtet, die beinahe durchgängig war (Abb. 16, Seite 32). Einige kleinere und grössere Tore erlaubten den Zugang zum Fluss.

Was übrig blieb

Ein Teil der Befestigung ist in der Nordmauer des Kleinen Klingentals erhalten geblieben (mitsamt Zinnen und Zinnenfenstern). Rheinaufwärts, am anderen Ende der Siedlung, stehen noch der Eck- und der Pulverturm – dazu am Rhein ein Stück Stadtmauer ohne Zinnen (Abb. 22, Seite 40).

---

1 Matt 2004, S. 46.
2 Matt 2004, S. 46 f.
3 Freundliche Mitteilung Christoph Philipp Matt, Archäologische Bodenforschung Basel-Stadt. Ein Aufsatz über die archäologischen Untersuchungen am Klingentalgraben wird im Jahresbericht 2006 der Archäologischen Bodenforschung Basel-Stadt erscheinen (in Vorbereitung).
4 Müller 1956, S. 64.

20 Übersichtsplan zu den Kleinbasler Befestigungen bis zum 15. Jahrhundert. Orange die innere Mauer, blau deren Erweiterung beim Klingentalkloster und grün die äussere Mauer.

21 Die Kleinbasler Mauer beim Waisenhaus, im Hintergrund die Theodorskirche (um 1870).

22 Ein erhaltenes Stück der Kleinbasler Befestigung beim Waisenhaus.

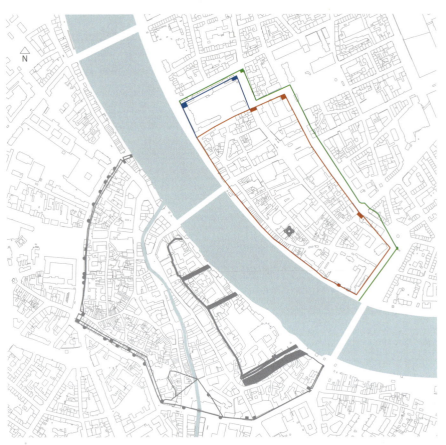

Kennzahlen Kleinbasler Stadtmauer

> Mauer **Länge** 1,3 km (innere Mauer)

Anzahl Tore (ohne spätere Mauerdurchbrüche) 2; dazu ein Durchgang durch den äusseren Mauerwall beim Bläsitor und ca. 5 kleine ‹Türlein› zum Rhein (darunter das Lessertürlein)

Anzahl Türme 7–8 an der inneren Mauer; 1 an der äusseren Mauer; ca. 6 zusätzliche an der Rheinfront

Baubeginn und -dauer um 1250–1270, Erweiterung nach 1278 (innere Mauer); 1. Hälfte 15. Jh. (äussere Mauer); Dauer jeweils unbekannt

> Graben (innerer) **Breite** 9,5 m

Tiefe 3,5 m

Schmuck und Zier
Wehranlagen als Repräsentationsobjekte

Neben ihren eigentlichen militärischen und separierenden Funktionen diente eine Befestigungsanlage immer auch der Repräsentation einer Stadt. Durch Schmuck und Zier der Wehranlagen versuchten die Städte, ihren Wohlstand und ihr Selbstverständnis auszudrücken. Ankommende sollten wissen, womit sie es hier zu tun hatten. Kein Wunder, wurde immer wieder viel Geld für die Verschönerung der Bauwerke ausgegeben – manchmal sogar mehr als für militärisch notwendige Verbesserungen.

Bilder

Der wohl häufigste Schmuck an Toren und Mauern waren gemalte Bilder – insbesondere das Basler Stadtwappen. Immer wieder findet man unter den Ausgaben der Stadt Beträge, um irgendwo einen Baslerstab malen zu lassen.[1] Doch die Dekorationen umfassten weit mehr als solche ‹offiziellen› Bilder. Auch andere, christliche oder weltliche Motive zierten die Befestigungsanlagen.

Das berühmteste war wohl das Reiterbild am Rheintor. Wann es bei diesem wichtigen Stadteinlass erschienen ist, bleibt ungewiss, doch wurde es 1420 zum ersten Mal erneuert.[2] Das Bild über dem Tordurchlass symbolisierte wohl den Schutz der Stadt und war zuerst rheinaufwärts gerichtet.

Das Wetter setzte den Bildern auf den Fassaden arg zu. Man musste sie oft erneuern. Deshalb begann man Mitte des 15. Jahrhunderts, sie vermehrt auf Tafeln zu malen,[3] die in der Nacht oder bei Regen vielleicht sogar von den Torwächtern in Sicherheit gebracht wurden. Im Jahr 1531 wurde auch das erwähnte Reiterbild auf das Niedere Rheintor versetzt. 1618 oder 1619 wurde es ersetzt, und der Reiter änderte damit auch die Blickrichtung. Vielleicht vermutete man jetzt – zu Beginn des Dreissigjährigen Krieges – die potenziellen Feinde eher rheinabwärts. Den Auftrag für das neue Bild vergab man an den berühmten Maler Hans Bock.

Skulpturen

Neben den Gemälden umfasste der Schmuck der Mauern und Tore zu Beginn vor allem Skulpturen. Nicht nur an den Toren wurden Statuen aufgestellt, wie sie heute noch das Spalentor schmücken (Abb. 29, Seite 54). Auch auf den rheinseitigen Mauern wurden solche angebracht, zum Beispiel an der Pfalz oder am St. Thomasturm. Es handelte sich praktisch ausschliesslich um Heiligenfiguren. Es gibt Hinweise, dass einige von ihnen reich vergoldet waren.[4]

Neben den Statuen gab es noch zahlreiche weitere plastische Verzierungen, vor allem an den Toren. Zahlreich belegt sind wiederum Baslerstäbe, meist präsentiert von menschlichen oder tierischen Wappenhaltern. Auch ganz profane Architekturelemente wie Konsolen oder Schiessscharten waren teilweise reich geschmückt, so etwa die wunderbaren fratzenumrahmten Schusslöcher am Vorbau des St. Johanns-Tors.

Uhren und eine Kuriosität

Zu Beginn des 16. Jahrhunderts wurde es allgemein üblich, neben einzelnen Kirchen und dem Rathaus auch die Stadttore mit Uhren zu versehen.[5] Vorreiter dieser Entwicklung war wiederum das Rheintor, für das im Jahr 1531 kein Geringerer als Hans Holbein der Jüngere den Auftrag bekam, zwei Uhren zu malen. Ihnen musste wohl das Reiterbild weichen. Nach und nach wurden auch die übrigen Tore der Äusseren wie auch der Inneren Stadtmauer mit Uhren versehen, und 1684 wurde das Amt des Stadtuhrmachers eingerichtet, der die Aufgabe hatte, sämtliche Uhren miteinander in Einklang zu bringen.

Zum Schluss sei noch eine stadtbekannte Kuriosität besprochen: der Lällenkönig (Abb. 23). Dieser überlebensgrosse Kopf wurde wahrscheinlich 1639 geschaffen und am Rheintor befestigt. Er war ursprünglich mit dem Uhrwerk verbunden, das ihm zur Fähigkeit verhalf, mit den Augen zu rollen und die Zunge (‹Lälli›) herauszustrecken. 1697 erhielt er ein eigenes Werk. Auch wenn der Figur einiges an Bedeutung angedichtet wurde, ist sein ursprünglicher Sinn – Abwehrzauber, Spottgebärde oder einfach Scherz – unklar.

---

1 Riggenbach 1932, S. 195.
2 Riggenbach 1932, S. 206 ff.
3 Riggenbach 1932, S. 204.
4 Riggenbach 1932, S. 204.
5 Riggenbach 1932, S. 210 ff.

23 Der Lällenkönig. Dieser überdimensionierte Kopf, der mit den Augen rollen und die Zunge herausstrecken kann, hing ursprünglich am Rheintor und wird heute im Historischen Museum Basel aufbewahrt.

Ein – wenn auch makaberer – Vergleich gibt es mit dem keltischen Murus Gallicus auf dem Münsterhügel. Nach zahlreichen zeitgenössischen Berichten hängten die Kelten nämlich neben den erbeuteten Waffen auch die Köpfe von besiegten Feinden aussen an ihre Befestigungen. Beweise für solchen aus heutiger Sicht etwas befremdenden ‹Schmuck› gibt es in Basel aber bislang nicht.

Der dritte Ring
Die weitläufige Äussere Stadtmauer

Schwere Zeiten für die Stadt am Rheinknie: 1346 stürzte ein Teil der Pfalzterrasse in den Rhein, 1348 wütete die Pest, und auch das Jahr 1356 wird wohl für ewig im Gedächtnis der Stadt haften bleiben: Ein schweres Erdbeben richtete grossen Schaden an. Doch nur sechs Jahre später beschloss der Rat von Basel den Bau einer neuen, gewaltigen Befestigung. Der dritte Ring – die Äussere Stadtmauer – zeugte von einem ungebrochenen Zukunftsglauben und Selbstvertrauen der Stadt.

Klöster und Vorstädte – eine Stadt franst aus

Dass sich die Obrigkeit von Basel nach dem Erdbeben nicht einfach damit begnügte, die vorhandene Befestigung wieder herzurichten, lag wohl vor allem an einem Sachverhalt: Die Stadt war über sich hinausgewachsen. Innerhalb der Stadtmauern gab es keine grösseren freien Flächen mehr. An verschiedenen Orten waren deshalb vor den Toren der Stadt seit geraumer Zeit Klöster gegründet, aber auch einfache Häuser in den Vorstädten errichtet worden. Diese Gebäude legten sich nun aber nicht zwiebelschalenartig um die Stadt, sondern reihten sich hauptsächlich entlang den wichtigen Ausfallstrassen, und nicht immer war das erste Haus nach dem Tor auch das älteste. So franste die einstmals kompakte Stadt mit der Zeit immer mehr aus und war immer schwieriger zu verteidigen, nicht nur, weil das freie Schussfeld vor den Stadtmauern zunehmend eingeschränkt wurde. Unbefestigte Vorstädte waren eine leichte Beute. Deshalb begannen einige von ihren Bewohnern, auf eigene Kosten Verteidigungswerke anzulegen. Um 1300 waren nach Aussage des Stadtschreibers Heinrich Rhyner (aus dem Jahre 1534) alle Vorstädte befestigt.[1] Ihre zahlreichen Ausbuchtungen hatten jedoch zur Folge, dass die Länge der zu verteidigenden Mauern unverhältnismässig angewachsen war. Auch war die Qualität der Befestigungen sehr unterschiedlich. Die neue Mauer sollte nun alle Vorstädte umschliessen und damit die Verteidigung des gesamten Stadtgebietes sicherstellen. Aufgrund der dadurch gewonnen Kompaktheit konnte die Gesamtlänge der Befestigung womöglich sogar verkürzt werden. Zusätzlich sollte Klarheit in Fragen des Unterhalts- und Wachdienstes geschaffen werden. Um das Verständnis für den Verlauf des dritten Ringes zu erhöhen, sollen im Folgenden die einzelnen Vorstädte und ihre Ausdehnung kurz vorgestellt werden.

Die St. Alban-Vorstadt

Beginnen wir mit der östlichsten Vorstadt – der sogenannten ‹Dalbe› oder St. Alban-Vorstadt. Hier wurde 1083 im Gebiet der heutigen St. Albankirche von Benediktinern das erste Kloster vor den Toren der Stadt gegründet. Das Kloster war eingefriedet, doch gibt es bislang keine archäologischen Zeugnisse, wie diese Abgrenzung ausgestaltet war.[2] Bereits im 12. Jahrhundert wird auch ein ‹oberes Tor› (‹porta superior›) genannt. Dessen genaue Lage ist aber unbekannt. Ob die Mitte des 12. Jahrhunderts gegründete Gewerbesiedlung entlang des künstlich angelegten St. Alban-Teiches (einem kleinen Kanal) geschützt war, bleibt ungewiss. Hingegen wird im 13. Jahrhundert eine ‹porta nostra› erwähnt, durch die man den Klosterbezirk, von der Stadt herkommend, betrat.[3]

Die Klosteranlage an sich war keine Vorstadt, sondern eine eigenständige Siedlung. Die eigentliche St. Alban-Vorstadt bildete sich erst im 13. Jahrhundert, als der bislang unbebaute Abschnitt entlang der heute gleichnamigen Strasse zwischen dem Kunostor am St. Albangraben und der heutigen Malzgasse besiedelt wurde. Die Häuser sowie der Strassenabschnitt wurden zu Beginn wohl durch einen Graben und eine Holzpalisade geschützt. Um 1284 wird dann als Abschluss stadtauswärts das ‹Vrydentor› (auch ‹Brigittentor›) erwähnt – ein einfacher Torbogen bei der Einmündung der Malzgasse.[4] Zu dieser Zeit war die Vorstadt südlich und östlich bereits durch eine 0,8 Meter dicke Mauer mit vorgelagertem Graben (acht Meter breit und fünf Meter tief) geschützt. Reste davon konnten archäologisch ebenso nachgewiesen werden wie zwei Schalentürme.[5] Im Westen schloss die Umwehrung wahrscheinlich im Bereich Dufourstrasse/St. Albangraben an den Graben der Inneren Stadtmauer an. Eine Befestigung gegen das Rheinbord ist bislang nicht nachgewiesen. Dass der Stadt-Anbau im Bereich St. Alban einem echten Bedürfnis entsprach, kann man aus der Tatsache ersehen, dass schon kurze Zeit später ausserhalb des Vrydentors ein weiterer Siedlungsbereich (die ‹nova civitas›) entstand.[6]

Die Aeschenvorstadt und das Gebiet bei St. Elisabethen

Weitaus weniger ist über die Besiedlung des Geländes vor dem Aeschenschwibbogen bekannt. Nachdem sich auch hier im 13. Jahrhundert eine kleine Klostergemeinschaft angesiedelt hatte, setzte sie vermutlich gegen 1300 ein. Weder im Hinblick auf die Aeschenvorstadt noch auf das danebenliegende Gebiet bei St. Elisabethen gibt es eindeutige Belege

1 Helmig 1998, S. 37.
2 Helmig/Matt 1992, S. 155.
3 Helmig/Matt 1992, S. 155.
4 Kaufmann 1949, S. 28.
5 Matt 2004, S. 46.
6 Helmig/Matt 1992, S. 156.

für eine Befestigung. Ein Indiz dafür, dass es eine solche gegeben hat, könnte aber das 1335 erstmals erwähnte Spitalschürentor sein, das wohl am Ende der Elisabethenstrasse lag.[7]

Die Steinenvorstadt

In der Steinenvorstadt zeigte sich auf tragische Weise, wie verletzlich unbefestigte Vorstädte waren. Hier war um 1150 ein Frauenkloster entstanden. 1253 überfiel Rudolf von Habsburg, der im Streit mit dem Basler Bischof lag, das Kloster; er beraubte es und verbrannte die Gebäude.[8] Später siedelten sich im Birsigtal insbesondere die Weber an. Eine Befestigung der Steinenvorstadt ist bislang nicht bezeugt, jedoch taucht in schriftlichen Quellen um 1340 ein ‹Hertor› (wohl nach einem Anwohner benannt) auf, was für eine Vorstadtbefestigung nach 1300 sprechen dürfte.[9]

Die Ansiedlung ‹ze Kolahüser›

Auch vis-à-vis des Leonhardsstiftes – auf dem heutigen Kohlenberg – entstand mit der Zeit eine Ansiedelung, bei der es sich freilich nicht um eine Vorstadt handelte. Auf diesem ‹ze Kolahüser› (‹zu den Kohlenhäusern›) genannten Gebiet wohnten soziale Randgruppen (Henker, Totengräber, Bettler, Dirnen, Kuppler etc.).[10] Es lag vor dem Bau der Äusseren Stadtmauer offen und ungeschützt da.

Die Spalenvorstadt

Sozusagen spiegelbildlich zur St. Alban-Vorstadt im Osten entstand schon früh im Westen Basels vor dem Spalenschwibbogen eine Ansiedlung. Bereits um 1230 werden dort die ersten Häuser erwähnt, die auch archäologisch nachgewiesen werden konnten. In derselben Zeit wurde wahrscheinlich das erste Franziskanerkloster errichtet. Die Mönche blieben aber nicht lange, sondern zogen rund zwanzig Jahre später in das von ihnen errichtete Barfüsserkloster. Nach diversen Wechseln zogen schliesslich 1282 die ‹Reuerinnen von Gnadental› (bei Bremgarten, heute Kanton Aargau) in der Spalenvorstadt ein.[11] Die Grundstruktur der Vorstadt war zu diesem Zeitpunkt wohl schon weitgehend angelegt: Eine Strassengabelung teilte den Weg von der Stadt und führte links nach Allschwil und rechts nach Blotzheim. Eine weitere Strasse führte Richtung Süden ins Birsigtal. Das Kloster, die Strassen und die angrenzenden Häuser wurden noch vor dem Ende des 13. Jahrhunderts von einer Befestigung umgeben. Drei Tore sind aus schriftlichen Quellen bekannt: das ‹Eglolfstor› (ein gewisser Egelolph wohnte dort und war Zunftmeister der Gärtner) bei der Lyss über der Strasse nach Süden, das ‹Steinin Crüz Tor› (der Name erklärt sich aus den steinernen Kreuzen, welche im Mittelalter die Grenzen der städtischen Gerichtsbarkeit absteckten) an der Ecke Schützenmattstrasse/Schützengraben Richtung Allschwil und das ‹Voglerstor› (ebenfalls nach einer ansässigen Familie benannt) an der Stelle des heutigen Spalentors.[12] Teile dieser Tore wurden später in die Äussere Stadtmauer eingebunden, wie auch ein Turm an der Ecke Spalengraben/Petersplatz, der später ‹Stadtturm› genannt wurde. Von der eigentlichen Vorstadtmauer ist nur wenig bekannt. Ein 1989 entdecktes Stück hatte eine Mauerstärke von 0,9 Metern.[13]

‹An dem Blazze›, Neue oder Pfaffen-Vorstadt

Über die Entwicklung des Gebietes nördlich der Spalenvorstadt ist wenig bekannt. Der Petersplatz – im Mittelalter ‹Blazze› genannt – war bis 1286 kaum umfriedet.[14] Später wurde er wohl, wie auch die nördlich angrenzende sogenannte ‹Neue› oder ‹Pfaffen-Vorstadt› (nach der Besitzerfamilie Pfaff benannt) zumindest mit einer Mauer abgegrenzt, die wahrscheinlich parallel zur Inneren Stadtmauer verlief.

Die St. Johanns-Vorstadt oder ‹ze Crüze›

Rheinabwärts wurde 1206 weit ausserhalb der Stadt eine Johanniterkommende gegründet. Zwischen ihr und der Stadt entwickelte sich im Laufe des 13. Jahrhunderts nahe dem Kreuztor/St. Johanns-Schwibbogen eine Besiedlung längs der Strasse, die St. Johanns-Vorstadt (auch ‹ze Crüze› genannt). Den Anfang machte 1233 die Gründung eines Dominikanerklosters beim Tor. Erneut zeigte sich hier der Nachteil einer unbefestigten Vorstadt: Neunzehn Jahre nach dem Überfall auf das Frauenkloster in der Steinenvorstadt plünderte Rudolf von Habsburg 1272 auch dieses Gebiet und brannte die Gebäude nie-

---

7 Matt 2004, S. 46.
8 Kaufmann 1949, S. 32.
9 Matt 2004, S. 46.
10 Matt 2004, S. 45.
11 Helmig/Ritzmann 1991, S. 155.
12 Helmig/Matt 1991, S. 93 und 99 f.
13 Helmig/Ritzmann 1991, S. 159.
14 Helmig/Ritzmann 1991, S. 155.

der.[15] Im Nachgang dieses Ereignisses wurde wahrscheinlich eine Schutzmauer angelegt; zumindest wird der Bereich vor dem Kreuztor 1286 zu den befestigten Vorstädten gezählt.[16] Die Art der Befestigung ist allerdings unbekannt.

Das 14. Jahrhundert – Platz für eine halbe Ewigkeit

Durch den Bau der Äusseren Stadtmauer ab 1361/62 wurden nicht nur die bestehenden Vorstädte, sondern auch riesige freie Flächen in die Stadt eingeschlossen. Sogar auf dem Plan von Friedrich Mähly (Abb. 37, Seite 68), der aus dem Jahr 1847 datiert, kann man noch unbebaute Areale innerhalb der Stadtmauern erkennen und nur wenige Gebäude ausserhalb. Die Platzreserven für das Wachstum der Stadt waren also immens, so dass sie bis Mitte des 19. Jahrhunderts – rund fünfhundert Jahre – ausreichten! Deshalb sei hier noch einmal die Frage aufgeworfen, wie eine schwer geprüfte Stadt wie Basel dazu kam, ihre neue Befestigung so weit nach aussen zu verlegen. Der Wunsch nach einem Einbezug aller bestehenden Vorstädte und Klöster war sicher ein gewichtiges Argument, zumal in dieser Zeit die Furcht vor herumziehenden und plündernden Söldnern gross war. Diese waren nach dem Friedensvertrag von 1360 zwischen Frankreich und England (Friede von Brétigny) entlassen worden und unternahmen nun auf eigene Faust Beutezüge.[17] Durch die Wahl einer möglichst direkten Linienführung zwischen den Vorstädten versuchte man, ein einigermassen kompaktes Gebilde zu schaffen. Handelte es sich also um eine zutiefst logische Linienführung? Nicht ganz – wäre es doch auch vorstellbar gewesen, einzelne weit aussen gelegene ‹Vorposten› wie die Johanniterkommende oder das St. Albankloster weiterhin sich selbst zu überlassen oder ihre Umsiedelung näher zur Stadt hin zu erreichen. Denkbar ist überdies, dass die Stadtherren das zukünftige Wachstum der Stadt überschätzt haben. Das Risiko, das sie mit dem mutig gewählten Verlauf eingegangen sind, war jedenfalls nicht klein. Die Äussere Stadtmauer wäre bei einem ernsthaften Angriff kaum zu verteidigen gewesen (siehe S. 14 ff.).

Verlauf und Ausdehnung

Auch die Äussere Stadtmauer hat sich bis heute im Strassenverlauf und in manchen Strassennamen überliefert. Sie folgte im Wesentlichen den äusseren ‹Grabenstrassen› (Spalen-, Schützen-, Steinen- und Aeschengraben) sowie der Schanzenstrasse und der St. Alban-Anlage (Abb. 24 und Abb. 25, Seite 48). Die Abschlüsse im Norden und Osten hingegen sind kaum mehr zu erahnen. Im Norden galt es, die weit abgelegene Johanniterkommende einzubinden. Vermutlich deshalb verlief die Äussere Stadtmauer hier eigenartig gezackt. Der heute noch sichtbare Thomasturm stand vor der Aufschüttung des Uferweges (1875 bis 1877) direkt am Rhein. Der anschliessende Mauerabschnitt wie auch das St. Johanns-Tor sind erhalten geblieben. Vom Tor her führte die Mauer in gerader Linie zur Biegung der Johanniterstrasse, folgte dieser bis einige Meter über die Wilhelm His-Strasse hinaus, wo sie eine abrupte Wendung in Richtung Spitalstrasse vollführte, dort erneut umbog und schliesslich bei der Schanzenstrasse eine weitere Ecke bildete. Was zur Wahl dieses ungewöhnlichen Verlaufes geführt hat, ist heute kaum mehr nachzuvollziehen. Eventuell wurde hier Rücksicht auf bestehende Parzellen genommen.

Von diesem Punkt an verlief die Umfassung in leicht gebogener Linie entlang der heutigen Schanzen- und Klingelberg- bis zur Bernoullistrasse. Sie schloss hier die Neue oder Pfaffen-Vorstadt ein. Im nächsten Abschnitt bis zum Spalentor führte die Stadtmauer wohl entlang einer bestehenden Einfriedung zum Petersplatz, dann parallel zu diesem und entlang des Spalengrabens weiter zum Spalentor. Südlich davon wurde auf die vorhandene Vorstadt respektive deren Befestigung zurückgegriffen, weshalb sich hier wiederum eine Ausbuchtung (entlang des Schützengrabens bis zum Holbeinplatz) ergab. War man bis hierher mit dem Einbezug neuer Flächen zurückhaltend gewesen und hatte versucht, bestehende Wehranlagen zu nutzen, so veränderte sich das Bild ab hier grundlegend: Die Stadtmauer erstreckte sich in einer geraden Linie dem Steinengraben entlang zum Birsig, mit erstaunlich geringen Abweichungen von der Ideallinie über das Tal und den Bach hinweg bis zur Ecke Elisabethenanlage/Aeschengraben. Nach einer Wendung von rund neunzig Grad ging es weiter dem Aeschengraben entlang zum Aeschenplatz,

---

15 Kaufmann 1949, S. 29.
16 Helmig/Ritzmann 1991, S. 155.
17 Helmig 1998, S. 39.

48

24 Der Verlauf der Äusseren Stadtmauer (orange).

25 Vogelschauplan von Matthäus Merian von 1615/17 mit den Befestigungen, wie sie im 17. Jahrhundert bestanden haben. Die Äussere Stadtmauer (hier bereits durch Bollwerke verstärkt) weist erstaunlicherweise praktisch keine Wehrgänge auf.

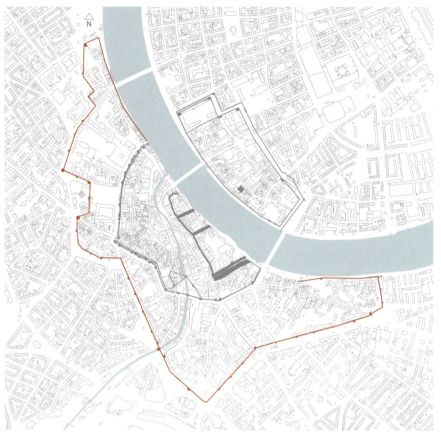

von wo aus sich die Stadtmauer nach einer erneuten Biegung wiederum schnurgerade bis zum St. Alban-Tor hinzog. Leicht gekrümmt, führte sie hinab zum St. Alban-Teich, wo mit dem Mühlegraben und der Letzimauer die grössten noch erhaltenen Überreste des Befestigungsrings zu sehen sind. Auch hier gilt es anzumerken, dass der abschliessende Turm damals mit seinem Fusse im Rheinwasser stand.

Rheinseitig war die Stadt ursprünglich nicht mit einer geschlossenen Mauer versehen. Zwar mag es einzelne mit Mauern versehene Abschnitte gegeben haben (beispielsweise im Bereich des St. Albanklosters, also an Stellen, wo das Ufer nur sanft abfiel); meist bildeten jedoch geschlossene Häuserzeilen oder auch Hangstützmauern den Abschluss zum Rhein hin.[18]

Mit dem Bau der Äusseren Stadtmauer vergrösserte sich das Stadtgebiet schlagartig von ungefähr sechsunddreissig Hektaren (Bereich der Inneren Stadtmauer) beziehungsweise fünfundachtzig Hektaren (die Vorstädte eingeschlossen) auf rund hundertsechs Hektaren. Die Mauerlänge vergrösserte sich auf 4,1 Kilometer, was im Vergleich zu den 1,6 Kilometern der Inneren Stadtmauer gewaltig erscheint.[19] Allerdings ist anzunehmen, dass die Umwehrungen der Vorstädte insgesamt noch länger waren: Schätzungen gehen von etwa fünfeinhalb Kilometern aus.

Beginn und Dauer der Bautätigkeit

Im Hinblick auf die Äussere Stadtmauer befindet sich die Forschung in der äusserst komfortablen Lage, dass dank schriftlichen Quellen nicht nur Baubeginn und -dauer sehr gut bekannt sind, sondern es auch Hinweise zum Fortschritt der Bauarbeiten gibt.[20] So sind etwa für die Jahre 1361/62 im städtischen Ausgabenbuch erstmals Beträge für das Ausheben des Grabens eingetragen. Es gibt verschiedene Indizien für eine bestimmte Baufolge: Zuerst hob man den Graben aus, dann zog man die Mauern bis auf Brusthöhe hoch und erstellte die Turmfundamente, auf denen man die Türme errichtete, und zuletzt baute man die Mauern bis zur endgültigen Höhe aus.[21] Um 1398 war der Mauerbau abgeschlossen. Insgesamt wurde also fast vierzig Jahre lang an der Äusseren Stadtmauer gebaut, wobei die Arbeiten 1376 für einige Jahre ins Stocken gerieten.

In diesem Jahr kam es zur sogenannten ‹Bösen Fasnacht›:[22] Am Fasnachtsdienstag fand auf dem Münsterplatz in Anwesenheit von Leopold III., Herzog von Österreich, und viel adligem Gefolge ein Turnier statt. Aus nie geklärten Gründen fühlten sich die Bürger Basels von den Adligen provoziert, worauf sie sich bewaffneten und den Turnierplatz stürmten. Im Tumult wurden einige Ritter getötet. Tief verletzt durch die Tatsache, dass gemeine Bürger den Adel angegriffen hatten, bewirkte der Herzog, dass zwölf Bürger wegen ihrer Teilnahme an den Unruhen enthauptet wurden und das Reich die Acht über Basel verhängte. Erst in den frühen achtziger Jahren waren die Folgen dieses Ereignisses soweit verdaut, dass die Stadt mit dem Mauerbau fortfahren konnte.

Es ist nicht anzunehmen, dass auf der ganzen Linie gleichzeitig gebaut wurde. Zahlreiche Indizien sprechen dafür, dass man im Nordwesten der Stadt, mit dem Abschnitt zwischen St. Johanns-Tor und Spalentor, begonnen hat.[23] Dies könnte auch einer der Gründe für die oben erwähnte unterschiedliche Linienführung gewesen sein. Vielleicht setzte man in den ersten Jahren des Befestigungsbaus noch mehrheitlich auf bestehende Teile und beschränkte sich auf bereits besiedelte Gebiete. Später könnte sich dann eine grosszügigere Linienführung durchgesetzt haben.

Ausgestaltung der Mauer

So grosszügig man die Verlaufslinie der Äusseren Stadtmauer festlegte, so knauserig – scheint es – waren die Stadtherren, als es um die Ausgestaltung derselben ging. Die Mauerdicke blieb hinter derjenigen der Inneren Stadtmauer zurück. Im Fundamentbereich mass der dritte Mauerring an den meisten Orten nur gerade 1,2 bis 1,4 Meter; über der Erde betrug die Stärke teilweise nicht einmal einen Meter. Eine Ausnahme bildete auch hier das Birsigtal. Dort wurden bis zu zwei Meter dicke Fundamente gesetzt. Auch bei den Stadttoren baute man massivere Mauern. So konnte im Rahmen einer archäologischen Untersuchung in der Nähe des Spalentors doch eine Breite von 1,4 Metern

---

18 Helmig/Matt 1992.
19 Matt 2004, S. 47.
20 Vgl. dazu z. B. Baer et al. 1932, S. 148 ff.
21 Helmig/Matt 1991, S. 70.
22 Teuteberg 1988, S. 133.
23 Helmig/Matt 1991, S. 70.

26　Das Steinentor um 1860.

27　Das letzte noch erhaltene Stück der Äusseren Stadtmauer kann am Mühlegraben besichtigt werden.

für ein Mauerstück (über der Erde) gemessen werden. Immerhin war die Äussere Stadtmauer mit ungefähr elf Metern (an der Aussenseite) etwa gleich hoch wie die Innere. Trotzdem ist der äussere Befestigungsring eindeutig als schwächer einzustufen als die rund hundertfünfzig Jahre ältere Wehranlage (siehe S. 14 ff.). Eine weitere Eigenart stützt diesen Befund zusätzlich: Auf den beiden Vogelschauplänen von Matthäus Merian aus dem 17. Jahrhundert (Abb. 25, Seite 48, und Abb. 16, Seite 32) weist die Stadtmauer fast nirgends einen Wehrgang auf. Nur in den Bereichen St. Alban-Tal, Steinentor/Birsigeinfluss und St. Johanns-Tor/Thomasturm ist ein solcher zu erkennen. Der schön ausgebildete, fast durchgehende Zinnenkranz, den wir auf allen Abbildungen sehen können – es ist die Zahl von 1199 Zinnen überliefert[24] – täuscht also eine grosse Wehrhaftigkeit bloss vor.

Es scheint, dass man die Mauer aussen vollständig verputzt hat. Sie bestand aus wechselnden Schichten roh zubehauener Muschelkalksteine und Kieselsteine in fischgrätartigem Verband, die mit viel Mörtel vermauert waren. Einen Eindruck von diesem Bauwerk kann man bei einem Besuch des letzten noch vorhandenen Mauerstückes, der Letzimauer am Mühlegraben, gewinnen (Abb. 27 und Titelbild).

Der Graben

Um die Äussere Stadtmauer wurde ein zwanzig Meter breiter Graben gezogen. Dessen Tiefe dürfte variieren, meistens aber rund 4,5 Meter betragen haben. Wie beim Graben der Inneren Stadtmauer handelte es sich auch bei diesem um einen Sohlgraben, der auf der einen Seite durch die Stadtmauer und auf der anderen durch eine Kontermauer abgeschlossen wurde. Eine niedrige Brüstung auf der Kontermauer grenzte den Graben gegen eine umlaufende Strasse ab. Der Graben wurde regelmässig gereinigt und gemäht, wie wiederkehrende Ausgaben belegen.[25] Ausserdem wurden hier wilde Tiere gehalten, einmal sogar ein Bär, ab dem 15. Jahrhundert fast ausschliesslich Rotwild (wie man auch auf dem Merian'schen Vogelschauplan erkennen kann; Abb. 25, Seite 48).[26] Überzählige Tiere verkaufte die Stadt, oder sie reichte das Wildbret bei festlichen Anlässen. Spätestens im 18. Jahrhundert wurden auch im Graben der Äusseren Stadtmauer Gärten angelegt. Kleine Treppen und Türchen – etwa im Vorwerk des Spalentors – ermöglichten den Zugang zu ihnen.

Die Türme

Die Türme der Äusseren Stadtmauer waren stattlicher Natur. Sie dienten weniger der Repräsentation als dem Schutz der Stadt. So waren sie denn im Kriegsfall gemäss den Wachtordnungen immer explizit einzelnen Bevölkerungsgruppen zur Verteidigung zugeteilt (siehe S. 16).

Wie viele Türme ursprünglich vorhanden waren, lässt sich heute nicht mehr exakt bestimmen. Eine Quelle aus dem Jahr 1398 spricht von ‹41 thurn› (wohl einschliesslich der fünf Stadttore), im 19. Jahrhundert ist aber nur noch von vierzig Türmen die Rede. Nachforschungen von Basler Archäologen ergaben mit allen Toren und Nebeneingängen ebenfalls vierzig Stück.[27] Die Experten rechnen aber noch mit einem weiteren Turm, der bislang zwar nicht nachgewiesen ist, für den es aber Indizien gibt, und kommen so wieder auf die ursprünglich genannte Zahl von einundvierzig.

Im Wesentlichen gab es (formal) zwei unterschiedliche Turmtypen: Rechtecktürme und Halbrundtürme (Abb. 25, Seite 48). Mit dem als ‹Wagdenhals› bezeichneten Bauwerk ist zudem ein kreisrunder Turm belegt. Dass man bei der Bestimmung des Turmgrundrisses nicht immer auf überlieferte Bilder zählen kann, zeigt das Beispiel des sogenannten ‹Breitschedelturms› neben dem St. Johanns-Tor, der auf älteren Plänen stereotyp als Viereckturm überliefert ist, gemäss archäologischen Untersuchungen aber eindeutig halbrund war. Manche Türme (etwa der Stadtturm) waren ursprünglich Teile von älteren Vorstadtbefestigungen gewesen, die man in die Äussere Stadtmauer einband. Teilweise mauerte man bestehende Vorstadttore auch zu und benutzte sie als Unterbauten für neue Türme (beispielsweise das Eglolfstor). Einige überragten innen die Stadtmauerflucht, aussen sprangen (abgesehen von den Tortürmen) alle in den Graben vor, um die

[24] Helmig/Matt 1991, S. 71.
[25] Kaufmann 1949, S. 47.
[26] Kaufmann 1949, S. 48.
[27] Helmig/Matt 1991, S. 71.

Stadtmauer besser schützen zu können. Zu diesem Zweck waren zahlreiche Schiessscharten vorhanden. Die Durchmesser beziehungsweise Längsseiten der Türme massen bis zu 5,5 Meter. Ihre Mauerstärken schwankten zwischen 1,2 und 1,8 Metern und übertrafen somit jene der Stadtmauer teilweise deutlich. Diese wurde von den Türmen auch an Höhe übertroffen: Bei einem noch bestehenden Turm am Mühlegraben wurden über achtzehn Meter gemessen.[28] Innen waren die Türme in bis zu fünf Geschosse unterteilt. Die Dachformen waren sehr unterschiedlich. Auf jüngeren Abbildungen sind die meisten mit Zinnen ausgestattet. Einige Türme (wie auch die Tore) wiesen eine überdachte Wehrplattform auf, auf denen ‹Springolfe› (Torsionsgeschütze) in Stellung gebracht werden konnten. Andere hatten wohl keine begehbare Plattform.

Wie viele Türme bewohnt waren oder Wachstuben aufwiesen, ist unbekannt. Die regelmässigen Ausgaben für die Erneuerung und Befeuerung von Kachelöfen sprechen aber dafür, dass alle Tortürme und viele weitere Turmbauten mindestens einen beheizbaren Raum besassen.[29] Und im Fall des ‹Brunnmeisterturms› ist überliefert, dass der Brunnmeister in ihm wohnte und auch sein Material dort einlagerte.[30]

Damit wären wir bei den Namen der Türme angelangt. Neben den namenlosen oder einfach nach ihrer Form benannten gab es zahlreiche Türme, die unter dem Namen von in der Nähe ansässigen Personen bekannt waren (so etwa der ‹Bachofenturm›). Drei Bauwerke hatten geradezu poetische Bezeichnungen: ‹Dornimaug›, ‹Wagdenhals› und ‹Luginsland›. Der ‹Thomasturm› schliesslich bekam seinen Namen von einer Statue des Heiligen Thomas von Canterbury, die eine seiner rheinabwärts gelegenen Ecken zierte.[31] Warum gerade dieser Heilige hier zu Ehren kam, ist nicht bekannt.

Die Tore

Die drei noch erhaltenen Tore der Äusseren Stadtmauer stehen fast sinnbildlich für die Stadt Basel und sind bekannte Touristenattraktionen. Kaum eine Broschüre, kaum ein Informationsblatt über Basel kommt ohne die Abbildung eines Tors – meist des Spalentors – aus. Auch wenn ihr Aussehen durch zahlreiche Umbauten, durch Schmuck und Zierwerk verändert wurde, zählen diese Tore zu den wichtigsten Zeugnissen mittelalterlichen Bauens in Basel.

Ursprünglich wies der dritte Befestigungsring fünf Tore auf. Zählt man das weiterhin benutzte Rheintor dazu, waren es sechs Hauptzugänge, die in die Stadt führten. Sie lagen an den wichtigsten Ausfallachsen, meist mehr oder weniger in der Verlängerung eines Durchgangs durch die Innere Stadtmauer. Jedes Tor soll hier kurz in seiner ursprünglichen Form vorgestellt werden:

Das wohl als Erstes fertiggestellte Tor in der Äusseren Stadtmauer war das **St. Johanns-Tor** (Abb. 47, Seite 87), das die gleichnamige Vorstadt und die Johanniterkommende mit der Umgebung der Stadt verband. Es wird im Gegensatz zu den anderen vier Toren bereits in der Wachtordnung von 1374 namentlich als Tor erwähnt.[32] Der annähernd quadratische Torturm (7,7 auf 8,5 Meter) hatte fünf Geschosse, von denen die oberen nur über die Stadtmauer zu erreichen waren. Ohne das Dach wies der Turm eine Höhe von 25,6 Metern auf. Er war an den Ecken mit bossierten Steinquadern versehen, und sein Zinnenkranz kragte über einem Rundbogenfries leicht aus. Das darüber errichtete Pyramidendach neigte sich stadtwärts. Auf der Aussenseite sicherte ein Vorbau das aussen angebrachte Fallgatter. Eventuell führte der Weg zum Eingang über eine Zugbrücke. Die Durchfahrt war 4,1 Meter breit und konnte mit zwei Torflügeln geschlossen werden.

Das prächtigste und eigentümlichste Tor war und ist zweifellos das **Spalentor** (Abb. 29, Seite 54) weiter südlich. Vom Bauwerk in seinem heutigen Zustand ist allerdings das Vorwerk wegzudenken, das erst im 15. Jahrhundert entstanden ist. Der Torturm geht in seinen Grundzügen wohl auf einen Vorgängerbau – das Voglerstor (siehe S. 46) – zurück, wird aber in der schon erwähnten Wachtordnung nicht namentlich erwähnt, sondern entstand wohl erst in den Jahren 1386 bis 1388 (Abschluss der Arbeiten um 1398).[33] Die Ausgestaltung unterscheidet sich wesentlich von derjenigen der anderen Stadttore. Ein wiederum nahezu quadratischer Torturm (9,8 auf 9,2 m) wird feldseitig links und

---

28 Helmig/Matt 1991, S. 111.
29 Helmig/Matt 1991, S. 72.
30 Helmig/Matt 1991, S. 126.
31 Helmig/Matt 1991, S. 137.
32 Hier und im Folgenden Helmig/Matt 1991, S. 96 ff.
33 Hier und im Folgenden Helmig/Matt 1991, S. 93 ff.

rechts von je einem in den Graben vorspringenden Rundturm (Durchmesser 6,8 m) flankiert. Die Mauern des Tors sind rund zwei Meter mächtig. Der Hauptturm ragt mit Dach mehr als vierzig Meter in die Höhe, und auch die Rundtürme sind mit achtundzwanzig Metern immer noch beachtlich hoch. Geschützt war der Zugang durch eine abdeckbare Grabenbrücke, ein Fallgatter hinter dem ersten Torbogen (später wurde weiter innen noch ein zweites angebracht) sowie durch ein zweiflügeliges Tor. Das Spalentor und das Aeschentor waren die einzigen Stadtzugänge, die auch in unsicheren Zeiten bedingt offen gehalten wurden. Dies unterstreicht die Bedeutung des Verkehrsweges ins Elsass ebenso wie die besondere Mühe, die man hier auf die Verzierung des Stadtportals verwandte.

Etwas weniger wichtig war der Weg entlang des Birsigs, der beim **Steinentor** (Abb. 26, Seite 50) etwa im Bereich der heutigen Tramhaltestelle ‹Heuwaage› aus der Stadt hinausführte. In der Wachtordnung von 1374 nicht erwähnt, taucht es 1387 in einem Waffeninventar unter der Bezeichnung ‹Hertor› auf.[34] Diesen Namen hat es von einem bislang zumindest archäologisch nicht nachgewiesenen Vorgängerbau übernommen, welcher wahrscheinlich am selben Ort gestanden hatte. Ursprünglich war das Steinentor ein einfacher Torturm mit nicht überdachtem, leicht vorkragendem Zinnenkranz und bossierten Eckquadern. Er diente wohl hauptsächlich dem Schutz des Birsigeinlasses. Bemerkenswert ist die Lage des Tors, das im Vergleich zum Eselstürlein der Inneren Stadtmauer auf der ‹falschen› Birsigseite stand. So mussten alle, die aus dieser Richtung aus der Innenstadt kamen, erst den Birsig überqueren, bevor sie die Äussere Stadtmauer passieren konnten. Dies mag mehrere Gründe gehabt haben – sei es, dass man den Nonnen des Steinenklosters den Umweg ersparen wollte, wenn sie zur Stadt hinaus wollten, oder sei es, dass der Verkehrsweg zum und vom Aeschenschwibbogen als wichtiger eingestuft wurde.

Neben dem Verkehrsweg zum Steinentor führte vom Aeschenschwibbogen eine zweite (und wohl viel bedeutendere) Strasse zum **Aeschentor** (Abb. 28, Seite 54). Dessen Lage, dort, wo heute die Aeschenvorstadt in den Aeschenplatz mündet, kann immer noch gut erahnt werden. Der Name wurde offenbar vom Schwibbogen der Inneren Stadtmauer übernommen, weshalb das Tor manchmal auch als ‹Äusseres Aeschentor› in den Quellen erscheint.[35] So wichtig dieser Stadtausgang in Richtung Jura und Eidgenossenschaft auch war, so wenig weiss man über sein einstiges Aussehen. Nach den Plänen von Merian handelte es sich um einen einfachen quadratischen Turm mit einem nach oben offenen Vorbau, von dem eine hölzerne Zugbrücke über den Graben führte. Es ist jedoch unklar, wann dieses Ensemble errichtet wurde. Immerhin ist überliefert, dass das Aeschentor 1429 mit dem Basler Wappen geschmückt wurde.[36]

Besser weiss man über das **St. Alban-Tor** (Abb. 29, Seite 54) Bescheid, da es bis heute erhalten blieb. Wie das Aeschen-, Steinen- und Spalentor wird es in der Wachtordnung von 1374 nicht als Tor erwähnt, sondern als einen der zu bewachenden Türme.[37] Vielleicht wurden die genannten Türme erst in einer zweiten Phase zu Toren ausgebaut. Auf jeden Fall wurde das St. Alban-Tor zuerst als frei stehender Bau hinter der Stadtmauer errichtet und erst dann mit dieser verbunden. Der Torturm, wie er sich heute präsentiert, ist nur noch in seinem Kern mittelalterlich, da er bis ins 19. Jahrhundert verschiedenen Umbauten unterworfen war. In den 1970er Jahren wurden zumindest die auffälligsten Veränderungen wieder beseitigt, so dass der Turm, abgesehen von der fehlenden Mauer, in etwa wieder dem ursprünglichen Charakter entspricht. Der ungefähr quadratische Grundriss hat eine Seitenlänge von acht Metern. Bis auf die Höhe des Spitzbogens der Toreinfahrt ist der Turm vollständig bossiert, darüber sind es nur noch die Ecksteine. Wie die übrigen Tortürme weist auch das St. Alban-Tor auf der stadtzugewandten Seite Fenster und auf der Aussenseite Schiessscharten auf. Das fünfte Obergeschoss kragt über einem Rundbogenfries leicht aus. Darüber folgte einst ein Zinnenkranz mit nach innen geneigtem Pultdach. Aussen war ein Erker angebracht, der zum Begiessen von Feinden mit Pech oder heissem Wasser gedacht war.

34 Hier und im Folgenden Helmig/Matt 1991, S. 91 ff.
35 Helmig/Matt 1991, S. 90.
36 Riggenbach 1932, S. 195, Anm. 1.
37 Hier und im Folgenden Helmig/Matt 1991, S. 88 ff.

28 Das Aeschentor um 1757. Gut sichtbar der Vorhof mit zwei Rundtürmen und einer Zollschranke.

29 Zwei der drei noch erhaltenen Stadttore: Rechts das St. Alban-Tor, links das Spalentor. Zum dritten Tor vgl. Abb. 47, Seite 87.

Als letzter Stadtzugang sei hier noch das **Rheintor** erwähnt. Es stand schon vor dem Bau der Äusseren Stadtmauer (siehe S. 37), wurde danach aber weiterbenutzt. 1363/64 – also in der Anfangsphase der Errichtung des äusseren Mauerrings – wurden denn auch grössere Ausgaben für das Rheintor verzeichnet, mit denen wahrscheinlich ein Umbau finanziert worden ist. Vielleicht wurde nun die Zugbrücke ersetzt und das Niedere Rheintor errichtet.

Im Gegensatz zur Inneren Stadtmauer verfügte das äussere Befestigungswerk bis ins 19. Jahrhundert hinein landseitig über keine **Nebeneingänge**. Im Gegenteil: Im späten 14. und in der ersten Hälfte des 15. Jahrhunderts wurden alle älteren oder provisorischen Tore, soweit sie nicht zu einem Hauptor ausgebaut wurden, zugemauert. Dazu gehörten das Eglolfstor oder das Spitalschürentor.[38] Damit reduzierte man die Zahl der Schwachstellen, zumal es die Zugänge zur Stadt waren, auf die ein Angreifer seine Kraft konzentrierte und die einen besonderen Aufwand zu ihrem Schutz verlangten. Entlang des Rheins hingegen existierten zahlreiche öffentliche oder private ‹Thürlein›, um den Bewohnern und Berufsleuten den Zugang zu dieser wichtigen Lebensader zu ermöglichen. Ebenso erforderte die Zuleitung von Wasser, sei es auf natürlichem Wege (wie im Falle des Birsigs) oder mittels künstlicher Kanäle, einige Durchbrüche durch die Stadtmauer.[39] Die grösseren Wassereinlässe waren durch Pfähle und Fallgatter verschliessbar.

Was übrig blieb

Im Zuge der Stadtentwicklung im 19. Jahrhundert wurden die meisten Abschnitte der Äusseren Stadtmauer sowie drei Tore (das Rheintor mit eingerechnet) abgebrochen (siehe S. 79 ff.). Übrig geblieben sind der Thomasturm und der angrenzende Mauerabschnitt. Allerdings wurde deren Höhe gekappt, und auch die Auffüllung des Grabens sowie die Aufschüttung des Rheinuferwegs haben das Erscheinungsbild des Ensembles stark verändert. Im Nordwesten der Stadt steht noch der Mauerrest beim Mühlegraben (Abb. 27, Seite 50), und vor allem das St. Alban-, das Spalen- und das St. Johanns-Tor (Abb. 29 und Abb. 47, Seite 87) prägen weiterhin das Bild von Basel. Zwischen dem St. Alban-Tor und der Letzimauer wurde der Verlauf der ehemaligen Stadtmauer im Boden markiert. Einzelne Fundamente der Stadt- wie auch der Kontermauer kommen bei archäologischen Untersuchungen immer wieder zum Vorschein.

Kennzahlen Äussere Stadtmauer

> Mauer   **Länge** 4,1 km
Breite 1,2–1,4 m im Fundamentbereich; darüber rund 1 m; im Birsigtalabschnitt und bei den Stadttoren bis 2 m, darüber bis 1,4 m
Höhe rund 11 m an der Grabenseite
Anzahl Tore 5 (ohne Rheintor)
Anzahl Türme 40–41 (inkl. Tore, ohne Rheintor)
Baubeginn und -dauer ab 1361/62; Abschluss der Arbeiten um 1398

> Graben   **Breite** rund 20 m
Tiefe rund 4,5 m

---

38 Helmig/Matt 1991, S. 98 ff.
39 Helmig/Matt 1991, S. 104 ff.

Vielfältiger Gebrauch
Vom Zusatznutzen der Stadtmauern

Von ihren militärischen und repräsentativen Aufgaben abgesehen, konnte eine Stadtmauer eine ganze Reihe weiterer Funktionen erfüllen. Sie bildete die Grenzlinie zwischen Stadt und Umland – einen idealen Ort für Kontrollen aller Art. Zudem boten die mächtigen Tore und Türme der Bevölkerung nicht nur Schutz vor äusseren, sondern auch vor inneren Gefahren.

Abgrenzungen aller Art
Die Stadtmauern markierten nicht nur in baulicher Hinsicht eine Trennlinie zwischen Stadt und Umland. Sie kennzeichneten auch die Grenze der städtischen Gerichtsbarkeit. Nicht zuletzt entsprachen sie der Neigung der Städter, sich gegenüber dem Umland geistig abzugrenzen: hier die gesittete, kulturell hochstehende Stadt, dort die rohe, unkultivierte Provinz. Dass diese Geisteshaltung bis ins 19. Jahrhundert in der Stadt verbreitet war, zeigen die Befürchtungen, dass Basel nach dem Abbruch der Stadtmauern zu einem Dorf herabsinken werde.[1]

Personen- und Güterverkehr
Leuten, die häufig ins Ausland reisen, ist der Vorgang bekannt: Man wartet an der Grenze, muss Pass und allenfalls Visum vorweisen und sich vielleicht durchsuchen lassen. Gedenkt man Waren einzuführen, so werden diese überprüft und deklariert, bevor man allfällige Zollgebühren entrichtet. Dies war in der Vergangenheit nicht anders, nur gab es damals nicht nur an den Gebietsgrenzen Zollposten, sondern auch bei Brücken, auf Pässen oder an Umladeorten. Ebenso wurde bei jeder Einreise in eine Stadt Zoll auf die Ein- und Ausfuhr von Waren erhoben. Auch Fremde oder bestimmte Bevölkerungsgruppen wie die Juden mussten mancherorts für den Einlass bezahlen. Bei jedem Basler Stadttor gab es folgerichtig ein Zollhäuschen, bei dem die Personen kontrolliert und ihre Güter gewogen wurden.

Torsperren
Nicht einmal die Bürger der eigenen Stadt konnten diese betreten und verlassen, wann sie wollten. So waren die Tore der Stadt Basel aufgrund von Sittlichkeitsbedenken noch bis ins frühe 19. Jahrhundert an Sonn- und Festtagen während den Predigten geschlossen. Niemand durfte an diesen Tagen die Stadt verlassen, um in ein umliegendes Dorf tanzen zu gehen. Wer tagsüber ausserhalb der Mauern spazieren gehen oder zu seinen Landgütern sehen wollte, musste am Tor einen Zettel ausfüllen, vor der Abendpredigt wieder heimkehren und den Schein behändigen. Andernfalls war eine Strafgebühr fällig.[2] Dem Schutz vor unerlaubtem Einreisen dienten die nächtlichen Torsperren. Je nach Jahreszeit (und Jahrhundert) wurden sämtliche Stadttore zu einer bestimmten Zeit (meist nach Einbruch der Dunkelheit) verschlossen. Wer später Einlass begehrte, musste dafür bezahlen, wenn er denn überhaupt hereingelassen wurde, was nur in dringenden Fällen und mit Bewilligung des Bürgermeisters möglich war. Noch im 19. Jahrhundert wurde in Basel an dieser Praxis festgehalten. Ausnahmen gab es nur wenige, beispielsweise für Eilpostboten.[3] Dies war für Fremde aussergewöhnlich, und so finden sich denn immer wieder entsprechende Hinweise und Warnungen in Reiseberichten. Vereinzelt kursierten regelrechte Schauergeschichten von verstorbenen Kindern oder Schwangeren, denen aufgrund der Torsperren nicht rechtzeitig geholfen werden konnte.[4] Ab 1817 wurde die Regelung auf drängenden Wunsch der Bevölkerung etwas gelockert. Gegen Bezahlung eines Sperrgeldes war es fortan möglich, zwei Tore in Grossbasel sowie eines in Kleinbasel noch dreieinhalb Stunden nach Einbruch der Dämmerung zu passieren.[5] Die Namen der Passanten wurden aber notiert; Fremde mussten ihren Pass abgeben. Das Geld wurde wohl in den Torgeldbüchsen (Abb. 30) gesammelt, die sich heute in den Beständen des Historischen Museums befinden. Anfangs wurde das Sperrgeld in einen Invaliden-Fonds einbezahlt; später finanzierte man damit teilweise die Beleuchtung der Stadt.[6] Als mit der fortschreitenden Industrialisierung zahlreiche Arbeiter zu später Stunde oder am

---

1 Müller 1956, S. 77.
2 Reformationsordnung der Stadt Basel 1727, S. 6 f.
3 Müller 1962, S. 14.
4 Heinse 1811, S. 80 f.
5 Müller 1962, S. 18.
6 Müller 1962, S. 21.

30 Torgeldbüchse aus dem 17. Jahrhundert.

frühen Morgen die Tore passieren mussten, um zu ihrem Arbeitsplatz oder nach Hause zu gelangen, wurde ein Pauschalabonnement eingeführt.[7] Erst ab 1859 wurden die Torsperren schrittweise gelockert; bis 1861 wurden sie endgültig aufgehoben.

Sicherheit im Innern

Die nächtliche Sperrung der Tore diente einerseits dem Schutz der schlafenden Bevölkerung vor Räuberbanden und sonstigen Überfällen, andererseits konnte sich so kein Einreisewilliger im Dunkel der Nacht an den Torwachen vorbeischleichen. Immer wieder wurde nämlich versucht, die Kontrollen an den Toren zu umgehen. Es wird von Fällen berichtet, in denen fremde Handwerker unerkannt auf dem Rhein einreisten, oder von Händlern, die die Stadt umfuhren, um keinen Zoll bezahlen zu müssen. Auch von Bestechung der Torwächter ist die Rede.[8]

Freilich konnte es vorkommen, dass sich bestechliche Wächter anstatt vor dem Tor bald in diesem selbst wiederfanden, wurden doch die Tortürme der Inneren Stadtmauer seit dem späten 14. Jahrhundert – als sie militärisch überflüssig geworden waren – gerne als Gefängnisse weiterverwendet. Im 18. Jahrhundert wurden anlässlich einer Inspektion sämtlicher Zellen deren fünf im St. Albanschwibbogen, vier im Eselsturm, fünf im Spalenschwibbogen und eine im Rheintor in Augenschein genommen.[9] Anlass der Untersuchung war der Ausbruch der Gefangenen Angela Kreutzerin im Jahr 1775 gewesen. In der Folge wurden die Schlösser und Riegel verbessert. Scheinbar mit wenig Erfolg: 1785 gelang Bernhard Müller die Flucht aus dem Spalenschwibbogen. Es gab Haftorte für leichtere Vergehen, aber auch Zellen für ‹scharfen› Arrest wie im sogenannten ‹Fledermausturm› über dem Rheintor. Ab 1821 wurden die Zellen in den Lohnhof verlegt – erneut wurde damit ein Teil der Inneren Stadtmauer weiterverwendet.[10]

Der Sicherheit im Innern dienten schliesslich die Feuerleitern, die am Aeschentor aufgehängt wurden, nachdem 1417 ein Brand grossen Schaden in der Stadt angerichtet hatte.[11]

7 Müller 1963, S. 24.
8 Müller 1963, S. 16 ff.
9 Hier wie im Folgenden Müller 1955, S. 66.
10 Matt 2002, S. 14.
11 Helmig/Matt 1991, S. 91.

Befestigungen nach 1400
Viel Flick, wenig Schick

Kaum wird ein grosses Bauwerk vollendet, ist es nicht selten schon (wehr-)technisch veraltet. Dies gilt besonders für die Äussere Stadtmauer von Basel. Die Entwicklung der Feuerwaffen war um 1400 schon weit fortgeschritten. Während man sich andernorts um passende Antworten im Befestigungsbau bemühte, brachten die zögerlichen Basler Ratsherren selten mehr als Flickwerk zustande. Es ist eigentlich erstaunlich, dass Basel die zahlreichen Wirrnisse schadlos überstanden hat.

Das 15. Jahrhundert – im Krisenfall bitte ausbessern!

Ein grosses Bauwerk will unterhalten sein. So ist es nicht verwunderlich, dass das städtische Ausgabenbuch von Basel jährlich kleinere oder grössere Summen für den ‹Stettbuw› verzeichnet, worunter auch Arbeiten an den Befestigungsanlagen fielen.[1] Manchmal genügten kleinere Reparaturen aber nicht. Im Herzen Europas stand Basel im 15. Jahrhundert oft zwischen den Fronten. In Abständen von fünfzehn bis zwanzig Jahren sah sich die Stadt mit bedrohlichen Feldzügen konfrontiert. Immer wenn Gefahr drohte, wurden einzelne Stellen der Stadtmauern ausgebessert oder umgebaut. So auch im Winter 1424/25, als Basel gegen Diepold von Neuenburg und Ludwig von Châlon in den sogenannten ‹Ellikurter Krieg› (Feldzug nach Héricourt) zog. Zu Beginn des Basler Konzils (1431 bis 1448) befürchtete man anscheinend innere Wirren, weshalb man die Innere Stadtmauer verstärkte und alle Zugänge zum Kornmarkt (dem heutigen Marktplatz) mit eisernen Sperrketten versah, die im Bedarfsfall gegen Berittene vorgehängt werden konnten.[2] Reste davon kann man noch an der Ecke Freie Strasse/Schlüsselberg erkennen. Bald jedoch genügten solche einfachen Massnahmen nicht mehr.

Provisorische Bollwerke

In der Stadt tagte noch das Konzil, als sich 1439 der Konflikt zwischen Basel und dem österreichisch gesinnten Adel in der Umgebung zuspitzte. Vor diesem Hintergrund nahm die Stadt erstmals eine grössere Verstärkung der Wehranlagen in Angriff. Man brach neue Schusslöcher für Büchsen und Kanonen in die Äussere Stadtmauer, verrammelte sämtliche Tore bis auf das Spalen- und das Aeschentor und errichtete vor dem Steinen-, Spalen- und Bläsitor zum Schutz vor feindlichen Schützen provisorische Bollwerke (darunter versteht man hinter oder vor der Mauer aufgeschüttete Verteidigungsplattformen).[3] Auf den Türmen bezogen Männer mit ihren Geschützen Stellung, und auf dem Feld vor der Stadtmauer riss man – sehr zum Ärger der Kleinbürger – Zäune, Garten- und Rebhäuschen, Mäuerchen, Bäume und Hecken ein, um ein freies Schussfeld zu erhalten.[4] Gleichzeitig wurde der Stadtgraben geräumt. Im Sommer 1444 erschienen die von Österreich herbeigerufenen Armagnaken (Angehörige einer französischen Söldnertruppe) vor den Toren der Stadt. Basel aber wurde nicht erstürmt, sei es aufgrund des heldenhaften Einsatzes der Eidgenossen bei St. Jakob an der Birs beziehungsweise wegen des Regenwetters, wie es in älteren Publikationen heisst,[5] oder aufgrund der von Basel angestrebten gütlichen Einigung, wie man heute annimmt. Die drohende Gefahr konnte jedenfalls abgewendet werden, und die befürchtete Bewährungsprobe für die Stadtmauer (die sie wohl kaum bestanden hätte) blieb aus.

Die nächsten Ausbesserungen erfolgten in den Jahren 1459/60 und im Vorfeld des eidgenössischen Sundgauerzuges (1468), als auch die Bewaffnung verstärkt wurde.[6]

Vorwerke

Der nächste grössere Ausbauschritt fand im Hinblick auf eine drohende kriegerische Auseinandersetzung mit dem Herzogtum Burgund statt. Spätestens im Jahr 1473 waren alle sieben Tortürme Gross- und Kleinbasels mit sogenannten ‹Vorwerken› ausgestattet.[7] So werden jene vorstehenden Gebäudeteile genannt, die auf der stadtabgewandten Seite ans Tor anschlossen und sowohl gedeckt als auch nach oben offen sein konnten. Sie bildeten ein weiteres Schutzelement vor den Toren als den Schwachpunkten der Stadtmauern und sind nicht zu verwechseln mit den Torvorhöfen, die auf der Grabenaussenseite lagen (siehe S. 61).

Das St. Alban-Tor erhielt ein in den Graben gebautes, nach oben offenes Vorwerk, das bis zum ersten Obergeschoss reichte. Zusätzlich überspannte nun eine Bogenbrücke den Graben, unter der sich ein Keller befand.[8] Dieser wurde später zu einer sogenannten ‹Wolfsgrube› umgestaltet. Als solche war er mit spitzen Pfählen versehen, in die die Angreifer fielen, wenn sie versuchten, die Brücke zu überqueren. Das Aeschentor erhielt spätestens mit dem Bau des Vorwerks eine Zugbrücke. Das Vorwerk war zuerst nach oben offen, später wurde es überdacht, wie es beim Steinentor von Anfang an der Fall gewesen war. Beim Spalentor existierte eventuell schon vor 1473 ein Vorwerk. Auf jeden

---

1 Zit. nach Helmig/Matt 1991, S. 72.
2 Baer et al. 1932, S. 150.
3 Helmig/Matt 1991, S. 71 f.
4 Müller 1955, S. 42.
5 Müller 1955, S. 42; Baer et al. 1932, S. 151.
6 Helmig/Matt 1991, S. 72.
7 Baer et al. 1932, S. 151.
8 Hier wie im Folgenden Helmig/Matt 1991, S. 89 ff.

31 Übersicht über die wichtigsten der nach 1400 errichteten Befestigungsbauten. Orange die Erweiterungen des 16. Jahrhunderts, blau die Ergänzungen des 17. Jahrhunderts und grün der im 19. Jahrhundert errichtete Teil rund um den ersten Basler Bahnhof.

32 Ausschnitt aus dem Vogelschauplan von Matthäus Merian (vgl. Abb. 16, Seite 32) mit der Darstellung eines Schnabelturms.

33 Ausschnitt aus dem Vogelschauplan von Sebastian Münster (1538) mit der Darstellung des Blitzeinschlages im Jahr 1526.

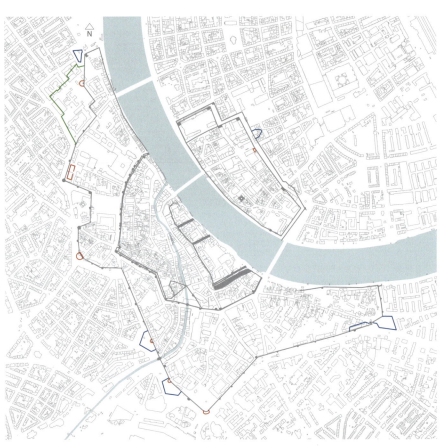

Fall wurde es in diesem Jahr von Jakob Sarbach ausgeschmückt. Errichtet war es auf einem Damm im Graben, wodurch dessen Breite verringert wurde, was wiederum die Anlage einer Zugbrücke gestattete. Dies gilt wohl auch für das St. Johanns-Tor, das aber wahrscheinlich schon vorher einen zwingerartigen, gedeckten Vorbau aufgewiesen hatte, um das auf der Aussenseite angebrachte Fallgatter zu schützen.

Im genannten Zeitraum wurden nicht nur Vorwerke gebaut. Die Stadtmauer insgesamt wurde überholt, ohne dass aber Einzelheiten hierüber bekannt wären. Ähnliches geschah 1491, im Vorfeld des Schwabenkrieges, als auch die Türme mit neuen Geschützen bestückt wurden.

Das 16. Jahrhundert – Schnabeltürme, Bollwerke und eine Explosion

Das 16. Jahrhundert war vom Versuch geprägt, der Stadtmauer wenigstens einige neuartige Wehrbauten anzufügen (Abb. 31). Aber nicht nur Kriege, neue Waffen und wehrtechnische Entwicklungen zwangen die Stadtherren zu handeln, sondern 1526 auch eine Naturkatastrophe.

Schnabeltürme

Betrachtet man den äusseren Mauerring auf dem Vogelschauplan von Matthäus Merian aus Südwesten (Abb. 16, Seite 32), so entdeckt man neben den viereckigen und den halbrunden Türmen (zum Beispiel neben dem Spalentor) solche mit einem unregelmässigen fünfeckigen Grundriss (Abb. 32). Diese Türme, deren eine Kante gegen die Aussenseite gerichtet war, nennt man wegen ihrer Form ‹Schnabeltürme›. Insgesamt gab es drei bis vier von ihnen. Offenbar wurden sie auf der Aussenseite an die Stadtmauer angebaut – zu einem Zeitpunkt, als die übrigen Türme und die Mauer bereits fertiggestellt waren. Noch ist allerdings unklar, ob dies bereits im 15. oder doch erst im 16. Jahrhundert geschehen ist.[9] Die Ecken der Schnabeltürme sind aus regelmässig bossierten Steinquadern gebildet. Oben weisen sie leicht auskragende Zinnenkränze auf. Auf den vier dem Feind zugewandten Seiten ist pro Stockwerk je eine Schiessscharte zu erkennen. Dank der fünfeckigen Bauart der Türme konnten die Verteidiger leichter in die verschiedenen Richtungen feuern. Die Schnabeltürme ersetzten vielleicht ältere Turmbauten aus der Zeit der Entstehung der Äusseren Stadtmauer. So gab es Türme, die in den Quellen namentlich genannt werden, aber nicht mehr lokalisierbar sind.

Torvorhöfe

Ebenso wenig sind die Baudaten der Vorhöfe auf der äusseren Grabenseite zu bestimmen. Einige sind bereits auf Abbildungen aus der Mitte des 16. Jahrhunderts dargestellt. Auf den Vogelschauplänen von Matthäus Merian aus dem frühen 17. Jahrhundert (Abb. 16, Seite 32, und Abb. 25, Seite 48) sind sie bei allen Toren zu erkennen. Das Spalentor besass vielleicht schon um 1480 seinen markanten Vorhof mit den beiden abschliessenden Rundtürmen.[10] In ähnlicher Weise war auch das Aeschentor jenseits des Grabens geschützt (Abb. 28, Seite 54), während man bei den übrigen Toren bloss einfache Mauern mit Schiessscharten erkennen kann. Die Vorhöfe dienten – wie die Vorwerke – einerseits der Verteidigung: Man wollte den Feind möglichst lange und möglichst weit von den Toren fernhalten. Andererseits boten sie Raum für Zolleinrichtungen oder Bettelhäuser. Verschlossen waren sie in Friedenszeiten oft nur mit Schlagbäumen.

1526 – ein verheerendes Unglück

Am 19. September 1526 erschreckte ein gewaltiger Knall die Bewohnerinnen und Bewohner von Basel. Ein Blitz war in einen Turm «an der stat graben zwischen Eschamarthor und sant Albanthor»[11] eingeschlagen. Aber es war nicht das Donnergrollen, das die Leute hörten, sondern eine gewaltige Explosion. Denn im betreffenden ‹zugthurn› hatten fünfzig Tonnen Pulver und Schwefel gelagert. Die Wucht der Detonation muss gewaltig gewesen sein, denn nicht nur der Turm, sondern auch die angrenzende Stadtmauer wurden bis auf den Grund zerstört, dazu die Häuser an der Malzgasse (darunter ein Bordell).[12] In den angrenzenden Gärten wurden Bäume und Reben entwurzelt. Nach Fridolin Ryff (‹Basler Chronik von 1514 bis 1541›) wurden etliche grosse Steinquader bis zur St. Alban- und Aeschenvorstadt geschleudert. Tragischerweise waren auch einige

9 Helmig/Matt 1991, S. 73.
10 Helmig/Matt 1991, S. 94.
11 Aus der Chronik von Fridolin Ryff, zit. nach Helmig/Matt 1991, S. 114.
12 Helmig/Matt 2005, S. 15.

34 Blick vom Aeschenbollwerk zur Elisabethenschanze (1745).

35 Plan der Festung Hüningen, die vom berühmten Baumeister Sébastian le Prestre de Vauban Ende des 17. Jahrhunderts errichtet wurde.

Tote zu beklagen (Ryff spricht von zwölf).[13] Das Ereignis setzte sich tief im Bewusstsein der Stadtbewohner fest: Noch auf dem Vogelschauplan von Sebastian Münster, der zwölf Jahre später entstand, ist der Vorfall verewigt (Abb. 33, Seite 60). Der Turm wurde als ‹Nüw Thurn› in den Jahren 1527/28 als Halbrundturm wiederaufgebaut.[14]

So hatte 1526 die Kraft der Natur Basel zu einer teilweisen Erneuerung der Stadtmauer genötigt. Doch die von Menschen entwickelte Waffentechnik war ihr schon beinahe ebenbürtig und drängte die Verteidiger der Stadt zu neuartigen Befestigungsbauten.

Für und gegen Kanonen: Erdbollwerke …

In den ersten Jahrzehnten des 16. Jahrhunderts hatte die Kraft der Feuergeschütze ein solches Ausmass erreicht, dass es höchste Zeit für eine nachhaltige Verbesserung der Wehranlagen war. Die im Vergleich zu ihrer Höhe recht dünnen Basler Mauern waren ihrer Aufgabe nicht mehr gewachsen. Zudem spielten die Kanonen nun auch bei der Stadtverteidigung eine zentrale Rolle. Dazu mussten die grossen Geschütze auf den Türmen aufgestellt werden, wozu aber der Platz nicht ausreichte. Auch erwies sich deren Höhe als ungeeignet. Neue Plattformen waren gefragt! Zumal in der Zeit der Reformation nicht davon auszugehen war, dass das Leben friedlicher werden würde. Da der komplette Umbau der Stadtbefestigung wohl zu kostspielig ausgefallen wäre, begann man 1531 mit der punktuellen Verstärkung einzelner gefährdeter Stellen. Zwei Erdbollwerke wurden hinter den Mauern aufgeschüttet, um angreifende Feinde gegebenenfalls beschiessen zu können: das Wasenbollwerk beim heutigen Bernoullianum (Abb. 16, Seite 32, links aussen) und ein zweites hinter der St. Clarakirche in Kleinbasel (Abb. 25, Seite 48). Während das Erstere in Grossbasel einen langrechteckigen Grundriss hatte, legte sich der Kleinbasler Bau hufeisenförmig um die Kirche, die ihren Chor hergeben musste, damit genügend Platz vorhanden war.

Gleichzeitig kümmerte man sich weiterhin um die bestehende Stadtmauer, wie beispielsweise Ausgaben im Jahr 1537/38 für die Instandstellung des Bläsitors belegen. Auch der Inneren Stadtmauer wurde noch Sorge getragen: Im Sommer 1545 zeigten sich Risse am Aeschenschwibbogen, worauf man dessen oberen Teile ersetzte.[15]

… und Steinbollwerke

Der Bollwerkbau wurde nach der Errichtung der ersten beiden ‹Prototypen› nicht weiter verfolgt. Vielleicht hatten sich die Sachverständigen nicht auf eine Bauart einigen können.[16] Erst im Jahr 1547 kam wieder Bewegung in die Sache. Wohl nicht zuletzt deshalb, weil Basel dem unter Reichsacht stehenden schwäbischen Ritter Sebastian Schertlin von Burtenbach – einem Mann mit Erfahrung im Befestigungswesen – Asyl gewährt hatte. Dieser machte sich sogleich nützlich, «damit auch er den Baslern kein unwerder gast were».[17] Nach seinen Plänen entstanden in den Jahren bis 1554 fünf neue Bollwerke, die mit Steinen durchgehend verblendet waren. Das grösste von ihnen war das **Aeschenbollwerk** an der südöstlichen Ecke der Stadtmauer (Abb. 34 und Abb. 16, Seite 32, rechts unten). Es hatte einen Durchmesser von achtunddreissig Metern, eine Mauerstärke von rund sechs Metern und war mit Erde verfüllt. Eine kreisrunde ‹Wehrplatte› (so nannte man die Plattform) mit Zinnen bot genügend Platz für mehrere Kanonen. Eine mit Tor verschliessbare Rampe führte von Westen her nach oben.[18] Etwas weiter westlich, an der Hangkante zum Birsigtal, stand das **Elisabethenbollwerk** (nach dem Vorgängerturm auch ‹Bollwerk Dornimaug› genannt), dessen Grundriss die Form eines Rechtecks mit abgerundeten Ecken auf der Feldseite aufwies (Abb. 16, Seite 32, unten Mitte). Das vier Meter dicke Mauerwerk war mit Erde verfüllt und erhob sich wahrscheinlich über den Resten eines Vorgängerturms. Der untere Teil soll aus massiven bossierten Quadern bestanden haben. Der Zugang erfolgte auch hier über eine Rampe im Westen.[19] Auf der anderen Talseite stand das sehr ähnliche ‹Zwillings-Bollwerk› **Wagdenhals**. Auch dieses erhielt den Namen von einem Vorgängerturm an dieser Stelle. Sein Grundriss war ebenfalls rechteckig, mit abgerundeten Ecken auf der Feldseite. In gleicher Art und Weise war auch das **Fröschenbollwerk** (‹Spalenbollwerk›) weiter nördlich, an der heutigen Kreuzung von Schützenmattstrasse und Schützengraben, erbaut (Abb. 32, Seite 60, rechts unten).

---

13 Zit. nach Kaufmann 1949, S. 50.
14 Helmig/Matt 1991, S. 114.
15 Müller 1955, S. 46.
16 Müller 1955, S. 46.
17 Zit. nach Baer et al. 1932, S. 152.
18 Helmig/Matt 1991, S. 117 f.
19 Helmig/Matt 1991, S. 119 f.

Für den Bau des Bollwerks wurde der schon erwähnte Brunnmeisterturm abgerissen. Gegen das Stadtinnere war es durch eine Mauer abgeschlossen und mit einer Auffahrtsrampe versehen.[20] Als Letztes wurde 1554 das **St. Johanns-Bollwerk** im Norden fertiggestellt (Abb. 25, Seite 48, ganz rechts unten). Wie bei den übrigen hatte auch hier ein älterer Turm weichen müssen. Die Plattform war für grössere Geschütze vorgesehen und hatte Zinnen sowie ein Wachttürmlein. Der Zugang erfolgte über eine lange, mit einem kleinen Tor verschliessbare Rampe.[21]

Gleichzeitig mit dem Bau der Bollwerke wurden wiederholt kleinere Ausbesserungen an den Ringmauern vorgenommen. So wurden 1550 neue Schusslöcher für Geschütze in die Stadtmauer gebrochen. Eine grössere Reparatur stand im Juni 1551 an der Ringmauer beim Klingentalkloster an, nachdem diese zu einem grossen Teil in den Rhein gefallen war.[22]

In der zweiten Hälfte des 16. Jahrhunderts bestanden Pläne für eine Gesamterneuerung der Äusseren Stadtmauer. Diese wurden aber nie ausgeführt (siehe S. 70).

Das 17. Jahrhundert – viele Pläne, wenige Bauten

Zu Beginn des 17. Jahrhunderts stiegen in Europa die Spannungen zwischen reformierten und katholischen Gebieten rapide an und entluden sich schliesslich im Dreissigjährigen Krieg von 1618 bis 1648. Das Wettrüsten zwischen Angreifern und Verteidigern erforderte immer ausgeklügeltere Wehranlagen. Viele Städte verabschiedeten sich von ihren hochmittelalterlichen Konzepten und Strukturen, bauten grundlegend neue Befestigungsgürtel und richteten ins Vorfeld vorgeschobene Forts ein. Auch in Basel gab es Pläne, die ganze Stadt mit einer barockzeitlichen Festung zu umgeben (siehe S. 70 ff.). Dagegen sprach freilich die grosszügige Linienwahl der Äusseren Stadtmauer: Das gesamte umschlossene Gebiet wirkungsvoll zu befestigen, erschien den Stadtherren unbezahlbar. Hinzu kam, dass eine so riesige Anlage im Belagerungsfall von den Einwohnern – aufgrund ihrer zu geringen Anzahl – ohnehin nicht zu verteidigen gewesen wäre. So begnügte man sich weiterhin mit punktuellen Verbesserungen (Abb. 31, Seite 60) und verliess sich im Übrigen auf sein diplomatisches Geschick, das mehr noch als jede bautechnische Massnahme geeignet schien, die Stadt vor kriegerischen Übergriffen zu schützen. Einmal mehr blieb Basel glücklich verschont, während das Umland und andere Städte teilweise stark in Mitleidenschaft gezogen wurden.

Schanzen, Bastionen, Ravelins

1619 – ein Jahr nach Beginn des Dreissigjährigen Krieges – beschloss der Rat der Stadt, die dringlichsten Arbeiten an der Stadtmauer in Auftrag zu geben. So wurden die Tore und Bollwerke ausgebessert und jene Fenster und Türen, die im Laufe der Zeit in die Stadtmauer gebrochen worden waren, zugemauert.[23] In den Jahren danach suchte Basel den Kontakt zu auswärtigen Festungsingenieuren (siehe S. 70 ff.), die dabei helfen sollten, die Verteidigung der Stadt durch ein System von Bastionen und Ravelins sicherzustellen. Unter Ersteren versteht man aus dem Wall herausragende, nach hinten offene Werke, die so angelegt sind, dass sie ihre Flanken gegenseitig schützen können, und das Wort ‹Ravelin› bezeichnet ein im Graben errichtetes, selbständiges Werk mit drei- oder fünfeckigem Grundriss. Von den insgesamt zweiundzwanzig vorgeschlagenen Bauwerken wurden in den Jahren ab 1622 nur gerade vier errichtet, die man in Basel allgemein als ‹Schanzen› bezeichnete:

> Ein Ravelin beim St. Alban-Tor (St. Albanschanze). Es handelte sich um eine Wallanlage zur Aufstellung der Geschütze über dem Graben, ausserhalb des Tors. Auf einem Unterbau mit rhombischem Grundriss errichtete man einen Bau mit gleicher Form, aber etwas geringerer Ausdehnung. An den Ecken standen Fachwerktürmchen. Die unteren Partien waren bis auf die Höhe der Grabenkante mit Steinquadern verblendet.[24] Im Gegensatz zu einem ‹echten› Ravelin, das inselartig im Graben steht, hatte diese Wehranlage eine Verbindung zur Stadtmauer sowie zur Toranlage. Der Zugang zur Stadt erfolgte seitlich über eine Zugbrücke mit Tor.

> Zwei praktisch identische, stadtseitig offene Bastionen links und rechts des Birsigtals (Elisabethenschanze und St. Leonhardsschanze, Letztere wurde später ‹Steinenschanze›

20 Helmig/Matt 1991, S. 126.
21 Helmig/Matt 1991, S. 136.
22 Müller 1955, S. 49.
23 Baer et al. 1932, S. 155.
24 Helmig/Matt 1991, S. 111 f.

genannt; Abb. 34, Seite 62). Sie entstanden rund um zwei ältere Bollwerke, die nun als sogenannte ‹Kavaliere› (erhöhte Geschützstellungen innerhalb einer Bastion) Verwendung fanden. Im Innern der Bastionen gab es gedeckte Räume (sogenannte ‹Bastionskessel›) sowie zumindest auf der Birsigseite je eine versenkte offene Flankenbatterie (Geschützreihe). Überwölbte Zugänge zu den Batterien und zu den Bastionen befanden sich unmittelbar neben den alten Bollwerken.[25]

› Ein Ravelin beim St. Johanns-Tor (St. Johannsschanze). Der im Grundriss dreieckige Ravelin westlich der Stadtmauer lag inselartig im erweiterten Stadtgraben. Er war nie so stark ausgebaut wie derjenige beim St. Alban-Tor.[26]

Auch beim Fröschenbollwerk wollte man offensichtlich eine ‹Schanze› (wohl eine Bastion) errichten. Das Vorhaben kam jedoch nicht über den Kauf eines passenden Grundstücks hinaus.[27] Gleichzeitig trug man an gewissen Stellen die Türme und die obersten Teile der Äusseren Stadtmauer ab und hinterfüllte sie mit Erde. Dies betraf, grob gesagt, den ganzen Abschnitt von der Aeschenvorstadt bis zum Rhein bei St. Johann, ohne die Spalenvorstadt. So erhielt man Platz für weitere Schützenstellungen (Abb. 34, Seite 62), und die Mauer war besser gegen Kanonenbeschuss geschützt. Als 1624 der katholische Feldherr Tilly immer bedrohlicher an die Stadt heranrückte, beschloss man auch die Errichtung einer Bastion zum Schutz der Hammermühle (bei der Drahtzugstrasse in Kleinbasel). Der grosszügigen Planung folgte allerdings eine bescheidenere Ausführung.[28]

In der Folge galt die Sorge der Obrigkeit vor allem der Stadtecke beim St. Alban-Tor. Westlich davon wurde zwischen 1642 und 1647 innen an der Stadtmauer die sogenannte ‹Innere Schanze› aufgeworfen, die stadtseitig durch einen Steinmantel geschützt war.[29] 1676 errichtete man am Rhein beim Abschluss des Mühlegrabens einen Turm auf der äusseren Grabenseite – den Äusseren Letziturm.[30] Er steht noch heute, wenn auch ein wenig abseits des Rheins, da dessen Ufer starke Veränderungen erfahren hat. Und noch heute verbindet ihn ein Wehrgang mit dem Inneren Letziturm. Auf der Kleinbasler Seite baute man am Theodorsgraben ein Gegenstück. Gleichzeitig wurde die Uferpartie zwischen St. Alban und dem Münsterhügel mit einer Mauer versehen.

Unabhängig von all diesen Massnahmen bahnte sich nicht weit von Basel entfernt eine für die Stadt äusserst unangenehme Entwicklung an: der Ausbau des unscheinbaren französischen Dörfchens Hüningen zur Festungsanlage.

Die Festung Hüningen

Kein Geringerer als der berühmte Baumeister Sébastian le Prestre de Vauban, königlicher Generalkommissar für das Festungswesen, zeigte im ausgehenden 17. Jahrhundert den Baslern, wie eine moderne Wehranlage auszusehen hatte. Weite Teile des Elsasses waren 1648 an Frankreich gefallen. Mit seiner Reunionspolitik versuchte Ludwig XIV., das Erworbene zu sichern und auszuweiten.[31] Dabei setzte er in Hüningen den Eidgenossen eine währschafte Festung vor die Nase.[32] Trotz des Einspruchs von Basel und der Eidgenossenschaft wurde die gewaltige Anlage 1679 bis 1681 zügig errichtet. Ein sternförmiger Ring nach neuestem Muster legte sich um den alten Kern der Siedlung (Abb. 35, Seite 62). Um die gleiche Zeit verstärkten die Franzosen auch die südöstlich von Basel gelegene mittelalterliche Burg Landskron. Die Stadt fühlte sich in die Zange genommen, unternahm aber keine grösseren Anstrengungen, um sich vor der Bedrohung zu schützen. Die Festung Hüningen blieb rund hundertvierzig Jahre bestehen, bevor sie 1815 eingenommen wurde (siehe S. 67).

Das 18. Jahrhundert – Kampf gegen den schleichenden Zerfall

Überfliegt man die Quellen aus dem 18. Jahrhundert zur Stadtbefestigung, so stösst man immer wieder auf Desinteresse und Respektlosigkeit, wenn es um das Verhältnis der Basler zu ihrer Stadtbefestigung geht. Da ist von jungen Burschen die Rede, die ihren Mutwillen auf den Schanzen und Wällen trieben, von eingeschlagenen Scheiben der Wachthäuschen, von schlecht verschlossenen Toren und Türen oder von weidenden Schafen, Ziegen, Pferden oder Kühen, die die Böschung verdarben.[33] Dies alles setzte den Wehranlagen schwer zu. Immerhin versuchten die Stadtherren, die gravierendsten Schä-

---

25 Helmig/Matt 1991, S. 120 und 123.
26 Helmig/Matt 1991, S. 136.
27 Helmig/Matt 1991, S. 127.
28 Baer et al. 1932, S. 157 f.
29 Helmig/Matt 1991, S. 112.
30 Helmig/Matt 1991, S. 110.
31 Kreis/von Wartburg 2000, S. 138 f.
32 Zur Festung Hüningen Müller 1955, S. 62 f.
33 Müller 1955, S. 64 ff.

36 Blick vom 1843/44 errichteten Eisenbahntor zum ersten Bahnhof auf Basler Stadtgebiet (heute Schällemätteli-Areal).

den zu beheben; sie waren darauf bedacht, dass keine neuen Durchgänge und Fenster in die Mauer gebrochen wurden, stellten allerlei Verbote auf und ermahnten die Bürgerschaft, sich an die Verordnungen zu halten. Zu nennenswerten Um- oder Anbauten der Anlagen ist es derweil nicht gekommen. Offensichtlich war das 18. Jahrhundert «für die Geschichte der Befestigungen Basels bedeutungslos».[34]

Das 19. Jahrhundert – ein letztes Aufbäumen gegen den Lauf der Zeit

Das 19. Jahrhundert begann auch in Basel unruhig. Im Nachgang der Französischen Revolution und im Kontext von Napoleons Aufstieg wurde die Region in die kriegerischen Ereignisse verwickelt. Deshalb wurden von 1802 bis 1806 nochmals grössere Reparaturarbeiten an Mauern und Gräben vorgenommen. Zu einer effektiven Verteidigung der Stadt hätte dies freilich kaum ausgereicht. Da man sich dessen bewusst war, wurde den alliierten Truppen 1813 der Durchzug durch die Stadt und die Überquerung des Rheins gewährt. Kein Wunder, richteten sich die französischen Kanonen bei der nachfolgenden Belagerung Hüningens (siehe S. 65) auch gegen die Stadt. Einzelne Geschosse fielen auf die St. Johanns-Vorstadt und richteten grossen Schaden an. Das Ende der Festung Hüningen kam 1815. Als sie von den Österreichern belagert wurde, mussten die Verteidiger aufgeben. In der Folge feierten die Basler auf dem Petersplatz und schleiften die Festung unter hohen Kosten. Damit erfüllte sich auch die Prophezeiung Vaubans, der während des Baus vorausgesagt hatte, dass «Basel, durch eine solche Nachbarschaft inkommodiert, die erste Gelegenheit ergreifen wird, um auf die Schleifung der Festungswerke hinzuwirken und an der Zerstörung teilzuhaben».[35]

Um künftig gegen Artilleriebeschuss gewappnet zu sein und gegebenenfalls zurückschiessen zu können, errichteten die Basler auf dem Bruderholz (dem höchsten Punkt des Stadtgebietes) eine quadratische Schanze – die sogenannte ‹Batterie›.[36] Diese Artilleriestellung rückte auch rund zwanzig Jahre später kurz ins Rampenlicht, als die Befestigungen Basels im Zuge der Trennungswirren noch einmal zu Bedeutung kamen.

Trennung von Stadt und Land

Die Stimmung zwischen der Stadt und der Landschaft Basel heizte sich um 1830 mächtig auf. Und die Batterie auf dem Bruderholz lag genau auf der Grenze zwischen der Stadt Basel und dem zur Landschaft gehörenden Bottmingen. 1831 zogen Basler aufs Bruderholz, wo die Landschäftler Stellung bezogen hatten. Nach einigen Scharmützeln eroberten die städtischen Truppen die Batterie. Aus Angst vor einem Angriff der Landschäftler besserte die Stadt die gesamte Befestigung zwischen 1831 und 1833 noch einmal gründlich aus,[37] ja sie liess 1832 gar einen neuen Plan zur Stadtverteidigung ausarbeiten.[38] Vor den Mauern und Toren kam es jedoch zu keinen weiteren Kämpfen. Der Konflikt entschied sich 1833 an der Hülftenschanze bei Pratteln, wo ein Aufgebot an Städtern von den Landschäftlern aufgerieben wurde. Dennoch waren gewiss viele Leute froh um den Schutz, den ihnen die Stadtmauer in dieser Zeit zu gewähren schien.

Ein Trojanisches Pferd verschafft sich Zugang

Die Erinnerung an die schmerzliche Trennung von Stadt und Land war noch frisch, als die französische Eisenbahn 1844 bis zu den Toren Basels gelangte. Wie sonst ist es zu erklären, dass sich der Rat dafür entschied, den ersten Bahnhof auf dem Schällemätteli in die Stadtmauern einzubeziehen (Abb. 36)? Dazu wurde die alte Stadtmauer zwischen der Klingelbergstrasse und dem St. Johanns-Platz abgerissen und das Material für den Bau einer Schanzen-Grabenanlage rund um den neuen Bahnhof verwendet. Die Züge fuhren fortan durch das neue Eisenbahntor in die Stadt, welches, wie die anderen Stadttore auch, damals noch jeden Abend geschlossen wurde.[39] Diese Massnahme war aber eher polizeilicher denn militärischer Natur. Dennoch kommt der Versuch, den Errungenschaften der Moderne mit den Konzepten der Vergangenheit zu begegnen, einem letzten Aufbäumen gegen den Lauf der Zeit gleich. Christian Adolf Müller hat wohl nicht Unrecht, wenn er im Zusammenhang mit der Eisenbahn von einem ‹Trojanischen Pferd› spricht, das sich hier Zugang durch die Stadtmauern verschafft habe.[40] Die neuen Verkehrsmittel zwangen die Stadt schon bald zu grundlegenden Veränderungen.

---

34 Baer et al. 1932, S. 158.
35 www.jplienhard.ch/html/artikel/artikel_huningue_lauf.html.
36 Müller 1955, S. 67 f.
37 Siegfried 1923, S. 86.
38 Müller 1955, S. 68.
39 Müller 1955, S. 69.
40 Müller 1955, S. 69.

37 Vogelschaubild von Friedrich Mähly (1847). Da es die Stadt aus der gleichen Perspektive zeigt wie der Merian-Plan von 1615/17 (Abb. 25, Seite 48), lassen sich die Veränderungen gut erkennen.

38 Der Äussere Letziturm ist eines der wenigen erhaltenen Beispiele für die nach 1400 erbauten Befestigungswerke.

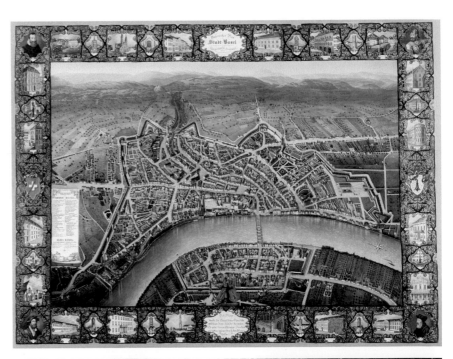

Was übrig blieb

Vergleicht man den Plan Friedrich Mählys von 1847 (Abb. 37) mit älteren Darstellungen Basels, dann werden die Veränderungen, die die Befestigungen dieser Stadt seit dem 15. Jahrhundert erfahren haben, augenfällig. Nur wenige Teile haben sich bis heute erhalten, so der Äussere Letziturm (Abb. 38). Ausserdem sind in den Grünanlagen beim St. Johanns- und beim St. Alban-Tor Reste der Schanzen enthalten. Beim Steinenparking, entlang des Aubergs und der Steinenschanze, sind noch Originalmauern aus dem 17. Jahrhundert zu sehen. Hingegen ist das mächtige Bollwerk neben dem Heuwaageviadukt nicht mehr original. Es wurde 1971 beim Bau des Viadukts rekonstruiert (allerdings mit falschem Grundriss). Im Drahtzugareal beim Claramattweg liegt noch eine Schulter der ehemaligen Bastion.

Schöne Pläne, zaudernder Rat
Wenn Sparsamkeit die Politik bestimmt

Nach 1400 wurde die Stadtbefestigung im Wesentlichen nur noch punktuell verstärkt. Ein grosser, ganzheitlicher Wurf kam nie mehr zustande. Dabei war sich der Rat von Basel zu jeder Zeit bewusst, wie eine moderne und adäquate Befestigung auszusehen hätte. Er liess nämlich – von teils berühmten Festungsingenieuren – immer wieder Pläne anfertigen. Doch sobald die Kosten beziffert wurden, verschwanden sie in der Schublade, oder man beschränkte sich aufs Nötigste.

Ein erster Versuch – vier Strassburger Entwürfe

Den ersten Anlauf, um die Stadt Basel mit einer neuzeitlichen Befestigung zu umgeben, nahm man 1588.[1] Die Basler erbaten sich von der befreundeten Stadt Strassburg die Dienste des Baumeisters Daniel Specklin. Dieser fand sich auf Geheiss seiner Oberen eine Woche später in Basel ein. Nach Inspektion der Anlagen verlangte er einen genauen Plan der Stadt, welcher von Hans Bock angefertigt wurde.[2] Auf dieser Grundlage zeichnete Specklin vier Entwürfe, die sich im Staatsarchiv erhalten haben. Dabei nimmt die Komplexität des Bauvorhabens von Plan zu Plan zu – und damit auch die veranschlagten Kosten.[3] Der erste Entwurf geht sehr deutlich vom Bestehenden aus (Abb. 39, oben). Die vorhandenen Bollwerke sollten beibehalten werden, aber eine polygonale Form erhalten. Bei St. Alban sollte eine neue Bastion errichtet werden und hinter den Mauern neun zusätzliche, miteinander verbundene Schanzen. Am zweiten Entwurf fällt vor allem das Fehlen der mittelalterlichen Türme auf. Diese waren nach Specklins Vorstellungen abzureissen. Als Ersatz hätte die Mauer zehn Bastionen erhalten, die sich in mehr oder weniger regelmässigen Abständen entlang der Mauer aufgereiht hätten. Zusätzlich sollten zum Beispiel beim Spalen- und dem St. Johanns-Tor Schanzen aufgeworfen werden. Auch das Kleinbasel galt es nach Specklin mit Eck- und Seitenbastionen zu verstärken. Der dritte Entwurf war ein Zwischenschritt auf dem Weg zum finalen, grossen vierten – und mit diesem zeigte Specklin, was die damalige Festungsbautechnik hergab (Abb. 39, unten). In Gross- wie in Kleinbasel sollten grosse sogenannte ‹Oreillons› (Bastionen mit ohrförmigem Grundriss) gebaut werden. Zusätzlich sollten zahlreiche grosse Polygonalschanzen errichtet, der Stadtgraben massiv ausgeweitet und ein weites freies Schussfeld vor den Mauern angelegt werden. Eine vollkommene Anlage nach allen Regeln der Kunst wäre entstanden.

Nach der Ablieferung seiner vier Pläne kehrte Specklin nach Strassburg zurück, von wo er dem Basler Rat sein berühmtes Buch ‹Tractat oder Bauwbuch, wie vöstungen zu bauwen seindt› zusandte. Kurz darauf verstarb er, wenig mehr als fünfzig Jahre alt.[4] Dies mochte dazu beigetragen haben, dass der Rat keinen der Pläne zur Ausführung brachte und nur an einzelnen Wällen hinter den Mauern arbeiten liess. Nicht einmal der erste und kostengünstigste Entwurf Specklins fand genügend Unterstützung. Das Projekt verschwand im Planarchiv.

Der zweite Versuch – viele Köche, aber kein Brei

Nach dem gescheiterten Anlauf im späten 16. Jahrhundert vergingen rund dreissig Jahre, bis das Befestigungsthema im Rat wieder ernsthaft auf den Tisch kam. In den Wirren des Dreissigjährigen Krieges schien es nicht nur der Stadt Basel ratsam, sich mit einem wirkungsvollen Schutz zu umgeben. Doch während andere Städte wie Genf, Bern oder Zürich handelten und sich mit einem mehr oder weniger vollständigen Schanzengürtel umgaben, wurden in Basel weiterhin vor allem Pläne geschmiedet.

Flamand, d'Aubigné und de la Fosse

1620 beschloss der Rat, es solle «nach einem Ingenieur getrachtet werden».[5] Die Wahl fiel auf Claude Flamand, den Festungsingenieur des württembergischen Herzogs Ludwig Friedrich, der sich damals in Montbéliard aufhielt. Die Dringlichkeit des Vorhabens verschärfte sich nach dem ersten Sieg des Kaisers und der katholischen Partei in der Schlacht am Weissen Berg bei Prag am 8. November 1620. Doch die Angelegenheit kam trotz der mehrfachen Anwesenheit von Flamand und dessen Sohn nicht recht vom Fleck.

1 Baer et al. 1932, S. 152 ff.
2 Müller 1955, S. 50.
3 Baer et al. 1932, S. 152 ff.
4 Müller 1955, S. 51.
5 Hier wie im Folgenden Baer et al. 1932, S. 154 ff.

39 Der erste und der vierte Entwurf Daniel Specklins zu einer Neubefestigung Basels.

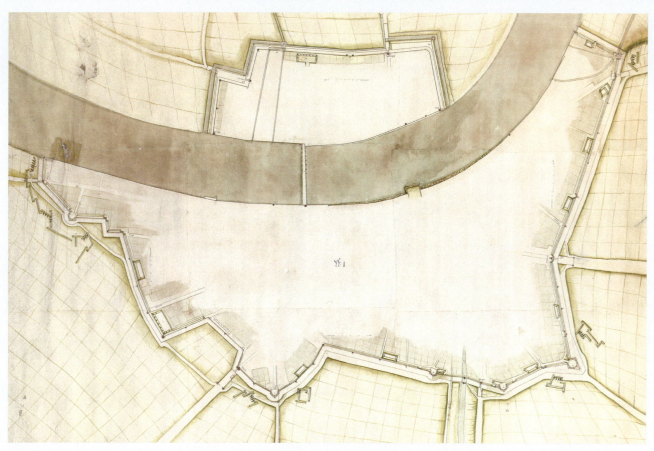

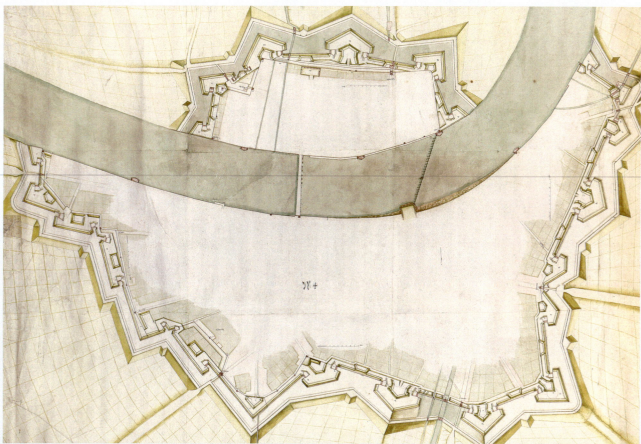

Erst am 12. November 1621 beauftragte der Rat die Dreizehn (die für das Bauwesen zuständige Behörde), sich um die Befestigung der Stadt zu kümmern. Diese zogen einen weiteren Berater hinzu: Theodore Agrippa d'Aubigné – einen französischen Glaubensflüchtling, der sich in Genf aufhielt und den reformierten Städten seine Dienste angeboten hatte. Er schickte zu Beginn des Jahres 1622 erst seinen Vetter de la Fosse und seinen Sohn Nathan nach Basel, bevor er sich selbst auf den Weg machte. Im Mai legte d'Aubigné seine Pläne dem Rat vor. Ein neuer Ring mit zweiundzwanzig Bastionen – ein sogenanntes ‹Royalwerk› – sollte um die Stadt gezogen werden. Dabei wären die Einbuchtungen der alten Stadtmauer im nordwestlichen Teil ausgeglichen worden. Der Plan von 1623 (Abb. 40) vermittelt einen guten Eindruck vom gewaltigen Ausmass der Anlage. In Zusammenarbeit mit den beiden Flamands sollten die Detailpläne entwickelt und ausgeführt werden. Doch der Rat fürchtete die beträchtlichen Kosten. Er konnte sich nur gerade zum Bau von vier Verteidigungswerken entschliessen (siehe S. 64 f.). Ansonsten glaubte er, dass es genüge, wenn er einen tüchtigen Büchsenmeister anstellen würde, der das erstandene grobe Geschütz gut unterhalten und die Mannschaft entsprechend ausbilden würde.

Faulhaber, von Oranien, van Valkenburg und Stapf
Im Sommer 1622 wurden die für den Bau der vier Schanzen nötigen Grundstücke gekauft. Anstelle der bisherigen Ingenieure wurde mit der Leitung des Bauvorhabens Johann Faulhaber aus Ulm betraut. Doch selbst die Kosten des reduzierten Projektes erschienen dem Rat schon bald zu hoch. Dazu kamen Zweifel an der Wirksamkeit der geplanten Massnahmen.

Für weitere Abklärungen sandte Basel den Obersten Peter Holzappel (genannt ‹Melander›) zum bedeutenden Feldherrn Prinz Moritz von Oranien, um dessen Rat und die Überlassung seines Ingenieurs Johann van Valkenburg zu erbitten. Später reiste auch Faulhaber in die Niederlande. Der Prinz hielt scheinbar nicht viel von den Plänen d'Aubignés. Andererseits glaubte er nach einer persönlichen Unterredung, dass Faulhaber erfahren genug sei, um die Arbeiten selbständig zu planen und auszuführen. Zudem gab van Valkenburg den Rückkehrern drei Entwürfe für eine Befestigung mit nach Basel. Dort war in der Zwischenzeit ein weiterer Ingenieur – der Deutsche Adam Stapf aus Neustadt an der Hardt – mit der Prüfung der Pläne und dem Bau der St. Johanns-Schanze beauftragt worden. Nach der Rückkehr Faulhabers und Melanders prüfte er auch die Pläne van Valkenburgs. Er kam – wohl ganz im Sinne der Stadtoberen – zum Schluss, dass sie wohl durchdacht seien, aber keine Rücksicht auf die Lage der Stadt sowie auf die Kosten des Baus und des Unterhalts nehmen würden.[6] Auch glaubte Stapf, dass der Stadt zu wenig Kriegsleute zur Verfügung stünden, um ein solch weitläufiges Werk bei Bedarf zu verteidigen. Wiederum zeigte sich also, dass die Linienwahl beim Bau der Äusseren Stadtmauer zu verwegen gewesen war. Stapf schlug dem Rat vor, die bisherige Taktik weiterzuverfolgen, einzelne mittelgrosse Bastionen an wichtigen Stellen zu errichten, diese aber durch Wallanlagen (Courtinen) miteinander zu verbinden. Dies schien dem Rat zuzusagen. Er entliess Faulhaber 1624 und übergab die Arbeiten an Adam Stapf.

Doch auch das Ende dieses Vorhabens liess nicht mehr lange auf sich warten: Als Stapf im März 1624 an der Pest starb, erlahmte das Interesse an der Neubefestigung zusehends. Vielleicht nahm man von einer Fortführung der Arbeiten auch deshalb Abstand, weil sich viele Bürgerinnen und Bürger beschwerten, die für den Bau der neuen Befestigungswerke ihre Rebgüter hingeben mussten.

In der Folge wurden nur die bereits begonnenen vier Schanzen fertiggestellt (siehe S. 64 f.). Selbst als der Markgraf Georg Friedrich von Baden auf eine Verstärkung der Stadt, die seiner Familie und den Untertanen aus dem Wiesental schon oft Zuflucht geboten hatte, drang und seinen Ingenieur zu einem Augenschein nach Basel schickte, wurde beiden beschieden, dass man das Bauen aufgegeben habe.[7]

6 Müller 1955, S. 56 f.
7 Baer et al. 1932, S. 158.

40 Entwurf nach Theodore Agrippa d'Aubigné zur Befestigung Basels (1623). Der Übersichtsplan war den Detailentwürfen der Flamands und van Valkenburgs vorgeheftet.

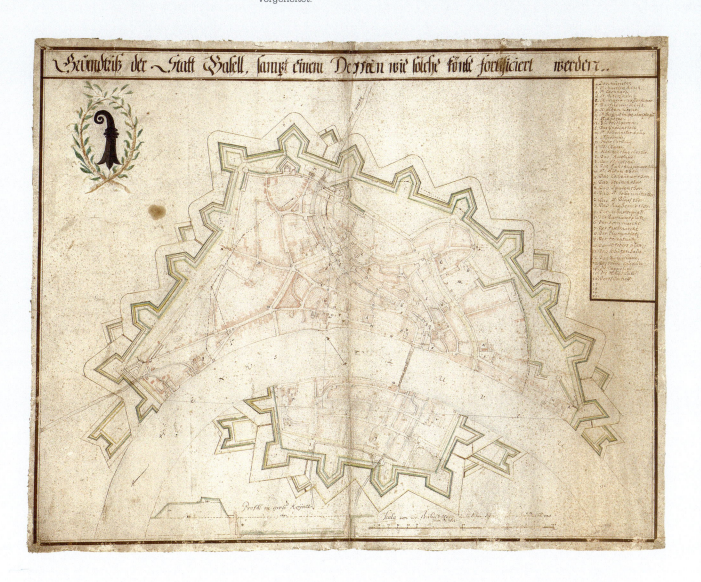

Der Abbruch
Freie Sicht in die Zukunft

Der wohl wichtigste Wendepunkt in der Geschichte der Basler Befestigungen war der 27. Juni 1859. An diesem Tag verabschiedete der Grosse Rat das Gesetz über die Erweiterung der Stadt. Paragraph vier lautete: «Zur Herstellung angemessener Verbindungen ... ist der kleine Rat [die Regierung] ermächtigt, da, wo es das Bedürfnis erheischt ... die Stadtgräben ... auszufüllen und neue Stadteingänge herzustellen, auch die bisherigen Stadtmauern nebst daran liegenden Schanzen ganz oder teilweise zu beseitigen.»[1]

1859 – ein endgültiger Abschied?

Das Jahr 1859 war nicht der Startschuss für die Niederlegung der Befestigungen, da einzelne Bauten bereits früher abgerissen worden waren. Doch das Gesetz markierte einen wichtigen Sinneswandel. Waren weite Teile der Wehranlagen bisher als notwendiges Verteidigungswerk angesehen worden, bildeten sie fortan in den Augen einer Mehrheit ein Hindernis für die Entwicklung der Stadt. Dieser Meinungsumschwung hatte wohl mehrere Gründe. Einer lag sicher im starken Bevölkerungswachstum, das Basel im 19. Jahrhundert erlebte. Zwischen 1837 und 1870 verdoppelte sich die Wohnbevölkerung von 22 000 auf 44 000 Einwohnerinnen und Einwohner.[2] Es brauchte Platz für neue Wohnquartiere. So heisst es denn auch im Ratschlag, dass sich «das Anbauen ausserhalb unserer Stadtmauer in einem Grade sich mehrt, wie früher nie».[3] Dafür waren nicht zuletzt die wohlhabenden Kreise verantwortlich. Zudem waren die Mietpreise in der Stadt stark angestiegen. Auch hier erhoffte man sich durch die Erschliessung zusätzlicher Wohngebiete eine Entlastung. Ein zweiter Grund lag im stets dichter werdenden Verkehr;[4] im Gesetzestext ist die Rede von einer Zunahme des Verkehrsaufkommens um das Zehnfache. Nicht nur machte der Ausbau des Eisenbahnnetzes immer mehr Mauerdurchbrüche notwendig, auch der Fuhrwerks- und Kutschenverkehr verlangten nach mehr und breiteren Zugängen zur Stadt. Drittens hatte die Stadtbefestigung in militärisch-polizeilicher Hinsicht ihre Berechtigung verloren. Anlässlich des sogenannten ‹Neuenburger Konfliktes› 1856/57 musste ein zusätzlicher Ausgang für die Truppen geschaffen werden, damit diese schnell genug zu den Verteidigungswällen weit vor der Stadt gelangen konnten.[5] Auch für den «polizeilichen Schutz gegen Überschwemmung von Gesindel» war gemäss dem Stadterweiterungsgesetz keine Mauer mehr nötig.[6] Nicht zuletzt dürfte die Tatsache eine Rolle gespielt haben, dass andere Schweizer Städte bereits zwei bis drei Jahrzehnte zuvor mit dem Abbruch ihrer Befestigungen begonnen hatten: Zürich 1833, Bern 1834 und Genf 1849.[7]

Also ein endgültiger Abschied von den alten Konzepten? Nicht ganz! Denn erstens wurden einige Verteidigungsanlagen im Gesetz von 1859 ausdrücklich vom Abbruch ausgenommen: die neuen Befestigungen beim französischen Bahnhof, der Hohe Wall (das Wasenbollwerk) am Klingelberg, die Bastionen links und rechts des Birsigtals sowie die St. Albanschanze. Diesen Anlagen wies man im Ratschlag immerhin noch «sekundären militärischen Werth» zu.[8] Vielleicht lag der Grund für diese Ausnahmen aber auch im Schanzenstreit (siehe S. 81 ff.). Auch ging es der Regierung nicht darum, «grundsätzlich die Schleifung unserer Befestigung zu beschliessen». Ja sie konnte sich vorstellen, dass man «nach einigen Jahrzehnten» die «Einrichtung eines wirklichen Abschlusses ... mittels Mauer, Graben, Pallisaden oder sonst» an die Hand nehmen würde.[9] Dazu kam es jedoch nie, und im Jahr 1875 wurden auch die 1859 noch geschützten Bauwerke zum Abbruch freigegeben.

Chronologie I – die Innere Stadtmauer

In diesem wie in den folgenden Abschnitten geht es darum, einen zeitlichen Überblick über die Beseitigung der Befestigungsanlagen zu geben.[10]

Den Beginn machte die Innere Stadtmauer. Zusammen mit ihrem Graben war sie der Bevölkerung schon lange vor 1859 ein Dorn im Auge. Daher hatte man mit ihrer Beseitigung teilweise schon vor 1800 begonnen. Weil man zahlreiche Abschnitte im Laufe der Zeit in Wohnhäuser integriert hatte, kann hier, anders als bei der Äusseren Stadtmauer, nur im Hinblick auf das Teilstück im Birsigtal von einem vollständigen Abbruch gesprochen werden.

Zeittafel

1786 Verfüllung des Grabens zwischen Aeschen- und St. Albanschwibbogen

ab 1800 Schrittweise Verfüllung des restlichen inneren Grabens

1821 Abbruch des Eselstürleins, des Esel- und Wasserturms mit Nebengebäuden und der Stadtmauer vom Fusse des Kohlenbergs bis zum Steinenberg; Verfüllung des Grabens bis zur Freien Strasse. 1824 wird in diesem Areal das alte Stadtcasino von Melchior Berri erbaut.

---

1 Zit. nach Müller 1956, S. 78.
2 Kreis 2005, S. 41.
3 Zit. nach Kreis 2005, S. 42.
4 Kreis 2005, S. 45.
5 Müller 1956, S. 77.
6 Kreis 2005, S. 44.
7 Kreis 2005, S. 42.
8 Zit. nach Kreis 2005, S. 43.
9 Zit. nach Kreis 2005, S. 44.
10 Die Angaben sind den Publikationen Müller 1956, S. 75–88, Baer et al. 1932, S. 169–173 und Helmig/Matt 1991, S. 88–150 entnommen.

41 Abbruch des St. Johanns-Schwibbogens im Jahr 1873. Die schön aufgeschichteten Steine deuten auf eine Weiterverwendung hin. Rechts das Firmenschild des Fotografen.

1829 Abbruch des Salzturms
1838 Niederlegung des Spalenschwibbogens; die Turmuhr wird zum Spalentor transferiert.
1839/40 Abbruch des Rheintors mit angrenzenden Gebäuden; Verbreiterung der Eisengasse
1841 Abbruch des Aeschenschwibbogens mit angrenzender Stadtschreiberwohnung. Das Uhrwerk wird am Aeschentor installiert, welches zwanzig Jahre später abgebrochen wird. Es war kein Zufall, welche Stadtzugänge als Erste fielen: Mit ihrer Beseitigung wurden die wichtigsten Verkehrsachsen aus der inneren Stadt in Richtung Kleinbasel und in die bedeutendsten Vorstädte (Aeschen, Steinen und Spalen) von den hinderlichen Bauten befreit. Die zwei verbliebenen Schwibbögen blieben noch mehr als dreissig Jahre stehen.
1843 Einem neuen Kaufhaus auf dem Gelände des ehemaligen Barfüsserklosters muss ein Teil der Stadtmauer am Steinenberg weichen. Die Gemäuer sind so massiv, dass sie teilweise gesprengt werden müssen.
1873 Abbruch des St. Johanns-Schwibbogens (Kreuztors) (Abb. 41, vgl. auch Abb. 7, Seite 15)
1878 Beseitigung des St. Albanschwibbogens (Kunostors) (Abb. 42, Seite 78, vgl. auch Abb. 19, Seite 36). Der Abbruch ist durch den Bau der Wettsteinbrücke respektive das Absenken der Zufahrtsstrassen notwendig geworden.

Chronologie II – Kleinbasel

Wie auf der linken Rheinseite war auch in Kleinbasel die Eisenbahn ein wichtiger Auslöser für den schrittweisen Abbruch der Befestigungen. Aber auch hier waren bereits früher einzelne Massnahmen getroffen worden. Gemäss einem Grossratsbeschluss von 1863 mussten sich auch die Anrainer finanziell an der Beseitigung der Anlagen beteiligen.

Zeittafel

1833 Der Stadtgraben hinter dem Klingental, beim Bläsitor und im Bereich der Drahtzugstrasse wird aufgefüllt.
1854 Im Zusammenhang mit dem Bau der Bahnlinie Haltingen–Basel–Säckingen wird das St. Clarabollwerk abgebrochen und der Stadtgraben mit dem abgetragenen Material bis zum Riehentor aufgefüllt. Bei der Clarastrasse entsteht ein provisorischer Stadtausgang.
1857 Der Plan zur Errichtung eines definitiven Clarators wird vom Grossen Rat verworfen. Die Regierung wird aufgefordert, den Sinn der Befestigung allgemein zu prüfen.
1858 Abbruch des Oberen Rheintors
1859 Beseitigung der Stadtmauer hinter dem Clarahof
1862 Auffüllung der Gräben beim Riehentor
1863 Auffüllung des Schindgrabens (auf der Nordseite der heutigen Kaserne) und Abbruch der dazugehörigen Mauer
1864 Abbau des Riehentors und der Stadtmauer zwischen Rhein und Bläsitor
1865 Abbruch der Drahtzugschanze und der benachbarten Ringmauern sowie des Ketzer- oder Rumpelturms (in der Nordostecke Kleinbasels) und des Mauerabschnitts bis zum Bläsitor; Einebnung des unteren Teils des Claragrabens
1867 Niederlegung des Bläsitors mit den angrenzenden Werken. Noch 1862 ist der Regierungsrat gegen den Abbruch gewesen, da nach seiner Ansicht der dortige Stadtausgang den Anforderungen des Verkehrs genügt hat.
1878 Beseitigung des Isteinerturms
1879 Abbruch der Mauer zwischen Theodorskirche und Rhein. Dieser letzte landseitige Mauerabschnitt in Kleinbasel fällt – wie der St. Albanschwibbogen auf der anderen Rheinseite – dem Bau der Wettsteinbrücke zum Opfer (Abb. 45, Seite 82).
1889 Beim Rappoltshof stürzt ein Rest der verbliebenen Stadtmauer ein.

Chronologie III – Äussere Stadtmauer und spätere Bauwerke

In ersten Ansätzen wurde mit dem Abbruch der Äusseren Stadtmauer kurz nach 1800 begonnen. Den Beginn der systematischen Niederlegung markierte aber die Errichtung des Centralbahnhofs (heute Bahnhof SBB und SNCF). Um die verkehrstechnische Anbindung der Stadt zu gewährleisten, wurde ab 1858 das Aeschenbollwerk eingerissen. Bis zur endgültigen Aufhebung der Torsperren 1861 wurde aber auch hier der Zugang

42 Abbruch des St. Albanschwibbogens im Jahr 1878.

jede Nacht durch ein Gatter verschlossen. Nach dem Beschluss zur Erweiterung der Stadt 1859 beeilte man sich, vor allem zusätzliche Eingänge in die Stadtmauer zu brechen. Während des Abbruchs musste man immer wieder mit den anstossenden Grundbesitzern verhandeln, die im Laufe der Zeit Mauer- und Grabenteile genutzt hatten und nun für den Verlust entschädigt werden wollten.

Zeittafel

1801 Abbruch des Aeschentor-Vorhofs mit den beiden Rundtürmen

1806 Abtragung der oberen Geschosse des Thomasturms und Beseitigung der Heiligenfigur

1807 Einbau eines Polizeipostens inwendig des St. Johanns-Tors

1813 Teilabbruch der beiden Rundtürme des Spalentor-Vorhofs

1830 Für die Umwandlung des St. Elisabethen-Gottesackers in eine Parkanlage wird Erde vom Aeschenbollwerk oder dem angrenzenden Kanonenwall abgetragen.

1831 Entfernung der Zugbrücke vor dem Vorhof des Spalentors. Sie wird zuerst durch eine demontierbare Militärbrücke, 1835 schliesslich durch eine feste Holzbrücke ersetzt.

1838 Einsturz der Kontermauer gegenüber dem Petersplatz auf einer Strecke von hundert Fuss. Diese Mauer hat auch den Ostrand des Spalengottesackers gestützt. Um weitere Einstürze zu vermeiden, wird der Graben teilweise aufgefüllt.

1842 Ein Sturm trägt die Kugeldächer der beiden Seitentürme des Spalentors fort. Sie werden nicht ersetzt, sondern man rekonstruiert die alten Zinnen. Ein kleines – von unten nicht sichtbares – Dächlein schützt vor Regen.

1843/44 Beim Bau des ersten französischen Bahnhofs respektive der Erweiterung der Stadtbefestigung reisst man die Äussere Stadtmauer zwischen dem St. Johannsplatz und der Klingelbergstrasse sowie das St. Johanns-Bollwerk ein.

1846 Die für den Unterhalt der Befestigung zuständige Behörde erhält die Weisung, in den Stadttoren keine Umbauten mehr vorzunehmen, sondern sich auf den Unterhalt der Aussenfront und der Dächer zu beschränken.

1855 Das freie Schussfeld vor den Stadtmauern wird von siebzig auf fünfunddreissig Meter halbiert. Der Vorstoss dazu ist bereits 1852 eingereicht worden.

1858 Abbau des Steinentor-Vorhofs (inkl. Wachthaus und Torbrücke) und Beschluss zum Abbruch des Aeschenbollwerks (bis 1861 vollzogen); Verfüllung des Grabens zwischen Aeschen- und Steinentor; Durchbruch der Mauer beim Aeschentor

1859 Verabschiedung des Gesetzes über die Erweiterung der Stadt

1861 Beseitigung des Aeschentors, der Mauern und Türme zwischen Aeschtor und Elisabethenbastion sowie zwischen Aeschentor und St. Alban. Neben dem Aeschentor wird im Frühjahr eine Bresche in die Stadtmauer geschlagen. Dieses Vorgehen ist nötig, weil man für die Erneuerung des Gemsbrunnens aus Solothurn einen Brunnentrog herbeigeschafft hat, der infolge seiner Grösse nicht durch das Tor gepasst hat. Ein wenige Jahrzehnte zuvor geschaffener Durchbruch bei der Lyss (das Leimentor) genügt nicht mehr, und die Mauer wird abgebrochen. Verfüllung des Grabens südlich des Fröschenbollwerks. Explosion des Pulverturms der Steinenschanze aufgrund von Pulverresten im Holzboden; Beginn der Umgestaltung des Geländes in eine Grünanlage. Verfüllung des Grabens beim Spalentor.

1862 Verfüllung des Grabens zwischen St. Alban-Tor und Aeschentor

1863 Endgültige Beilegung des Schanzenstreits (siehe S. 81 ff.). Beseitigung der Brücke beim St. Alban-Tor und Verfüllung des dortigen Grabens. Verkauf der Inneren Schanze an Private. Abbruch des Inneren Letziturms bis auf das heutige Strassenniveau. Das heute sichtbare Bauwerk wird erst anlässlich der Renovation der Stadtmauer im Mühlegraben 1978/79 rekonstruiert.

1864 Teilabbruch der St. Albanschanze und der Inneren Schanze

1864/65 Niederlegung der Stadtmauer zwischen Steinenschanze und Eglolfstor (inkl. Verfüllung des Grabens)

1865 Eventuell Sprengung des Fröschenbollwerks durch den mit dem Abbruch beauftragten Unternehmer; dabei kommen angeblich mehrere Häuser in der Umgebung zu Schaden. Nach anderen Quellen erfolgt der Abbruch erst 1868/69.

43 Abbruch des Steinentors im Jahr 1866.

1865/66	Abbau der Wehranlagen beim Birsigeinlauf. Auffüllung des Stadtgrabens zwischen Steinentor und Steinenschanze sowie Abbruch der Stadtmauer. Teile des Elisabethenbollwerks werden geschleift; weitere Teilabbrüche folgen 1881, 1951 und 1966.
1866	Abbruch des Steinentors (Abb. 43). Vollendung der Grünanlage auf der Steinenschanze
1866/67	Das Spalentor wird freigestellt: Die angrenzenden Stadtmauern, Zoll- und Wachthäuschen werden entfernt. Das Tor wird erstmals renoviert.
1867/68	Verfüllung des Stadtgrabens beim Petersplatz
1869	Teilweise Auffüllung des Grabens beim Eisenbahntor
1869–77	Im Dezember 1868 hat der Grosse Rat einen Vertrag genehmigt, durch den der Universität Basel das Wasenbollwerk (der Hohe Wall) beim Petersplatz zugesprochen wurde. 1869 werden Teile der Schanze zugunsten des Bernoullianums abgebrochen. Verfüllung der Gräben in diesem Bereich. Wann genau die einzelnen Arbeiten vorgenommen werden, ist in der Literatur umstritten.
1869–71	Der Rest der St. Alban-Schanze (östlicher Teil) wird in eine Parkanlage umgewandelt.
1871	Abbruch der Mauer am Hang zwischen St. Alban-Tor und Mühlegraben. Beschluss zum Erhalt des St. Alban-Tors. Das Vorwerk ist bereits im frühen 19. Jh. beseitigt worden. In den folgenden Jahren (bis 1873) wird das Tor restauriert und ein Polizeiposten angebaut. Dabei erhält es ein hohes Dach mit kurzem First (Abb. 44, Seite 82). Anlässlich der Renovation 1976/77 versetzt man das Tor wieder in den Zustand vor 1871 (Abb. 29, Seite 54).
1874	Umgestaltung des St. Johanns-Tors. Dessen Vorhof ist im frühen 19. Jh. entfernt worden. Das Tor mit dem Vorwerk soll nun aber erhalten bleiben. Nachdem bereits 1862 erste Renovationen durchgeführt worden sind, entschliesst man sich, zur ‹Verschönerung› ein höheres Dach (mit Glockenturm) anzubringen. Eine Renovation macht 1984 diese Veränderung wieder rückgängig (Abb. 47, Seite 87). Bis ins Jahr 1877 wird der angrenzende Ravelin beseitigt.
1874/75	Abbruch der Stadtmauer beim Petersplatz sowie Einebnung des Grabens anlässlich des Baus einer Halle für das Eidgenössische Sängerfest
1875	Annahme des Ratschlags zur Schleifung der bisher ausgenommenen Befestigungen durch den Grossen Rat
1875–77	Abbruch der Befestigung rund um den bereits 1860 verlegten französischen Bahnhof auf dem Schällemätteli-Areal. Das Abbruchmaterial wird für die Aufschüttung des St. Johanns-Rheinwegs verwendet. Beseitigung von Mauer und Wall im Bereich vom Petersplatz bis zum Bernoullianum
1885/86	Umgestaltung der verbliebenen Schanze zwischen dem St. Johanns-Tor und dem Thomasturm in eine Grünanlage
1886–89	Umgestaltung der Elisabethenschanze in einen Park, von dem heute nichts mehr erhalten ist
1896	Räumung der Wohnung des letzten Turmwächters im Spalentor
1966/67	Beim Bau des Heuwaageviadukts werden die letzten Teile des Elisabethenbollwerks abgetragen. Beim heute sichtbaren Bauwerk handelt es sich um eine Rekonstruktion aus dem Jahr 1971. Die tiefer gelegenen Teile des Wagdenhals-Bollwerks und -Turms werden beseitigt. Auch ein grosser Teil der Grünanlage auf der ehemaligen Steinenschanze muss der Strasse weichen. Die Schanze selber wird teilweise abgebrochen und für den Bau der Tiefgarage fast vollständig ausgehöhlt.

Der Schanzenstreit

Der Entschluss von 1859, einige neuere Wehranlagen nicht abzubrechen, dürfte auch mit einem Schiedsspruch anlässlich der Kantonstrennung 1833 zusammengehängt haben. Bei der Teilung des Staatsvermögens zwischen den Halbkantonen Basel-Stadt und Basel-Landschaft standen explizit auch die Befestigungen zur Diskussion.[11] Die Stadt erhielt zwar die volle Verfügungsgewalt über die Bauwerke; sollten diese aber geschleift werden und dabei Staatsvermögen entstehen, musste die Landschaft beteiligt werden. Wenn also aus dem Landverkauf – nach Abzug der Kosten – ein finanzieller Gewinn resultieren würde, dann hatte die Landschaft, genau wie im Falle der übrigen Vermögens-

---

11 Zum Schanzenstreit vgl. Müller 1956, S. 78 ff.; Siegfried 1923, S. 104 ff.

44 Das St. Alban-Tor nach seiner ‹Verschönerung› im Jahr 1874. Das Dach wurde anlässlich der Restaurierung 1976/77 wieder in den Zustand vor 1870 zurückversetzt (vgl. Abb. 29, Seite 54).

45 Durch den Bau der Wettsteinbrücke fiel 1878 der letzte landseitige Mauerabschnitt in Kleinbasel. Hinten in der Mitte erkennt man den Isteinerturm.

werte, Anspruch auf einen Anteil von vierundsechzig Prozent. Deshalb wachte sie mit Argusaugen über das Geschehen.

Die kleineren Abbrüche bis 1858 boten noch keinen Anlass zu Forderungen. Als aber die Stadt beschloss, den Stadtgraben zwischen St. Alban- und Steinentor aufzufüllen und das Aeschenbollwerk einzureissen, verlangte die Regierung in Liestal Auskunft über das Ausmass und die Absichten dahinter. Eiligst versicherte die Stadt, dass diese Massnahmen nur der Anbindung des neuen Bahnhofs dienten und damit noch kein grundsätzlicher Entscheid zur Schleifung der städtischen Befestigungswerke gefallen sei. Die Landschaft ging auf diese Argumentation nicht ein, sondern witterte den Abbruch grösserer Befestigungsteile. Sie machte ihre Ansprüche geltend und schlug aussergerichtliche Vergleichsverhandlungen vor, die 1860 aufgenommen wurden. Im Auftrag der Landschaft und mit Zustimmung der Stadt wurde der Mehrwert, der im Fall einer Schleifung der verschiedenen Anlagen zu erwarten war, geschätzt. Aufgrund dieser Erhebung verlangte Baselland 800 000 Franken – viel mehr, als die Stadt zu zahlen bereit gewesen wäre. Da keine Einigung zustande kam, wurden die Verhandlungen abgebrochen und der Streit ans Bundesgericht getragen. Die Landschaft versuchte sogar, allerdings erfolglos, mit einer einstweiligen Verfügung die laufenden Abbrucharbeiten zu stoppen, bis ein Entscheid gefällt sein würde. In der Folge liessen beide Seiten von namhaften Juristen Gutachten erstellen, die ihre Ansichten stützen sollten. Diese wurden – neben unzähligen Broschüren und Zeitungsartikeln – veröffentlicht, um die Bevölkerung und das Gericht zu beeinflussen. Nach zwei Jahren Papierkrieg und einer zweitägigen Hauptverhandlung kam es am 29. Oktober 1862 schliesslich zur Urteilsverkündung. Die Ansprüche des Kantons Basel-Landschaft wurden grossteils abgewiesen. Baselland musste als Hauptkläger drei Viertel der Gerichtskosten übernehmen; ausserdem wurde ihm jegliches Klagerecht in Bezug auf noch stehende Festungswerke abgesprochen. Unklar blieb nach dem Gerichtsurteil, wie viel die Stadt nun tatsächlich bezahlen musste, um den berechtigten Ansprüchen der Landschaft gemäss dem Schiedsspruch von 1833 Rechnung zu tragen. Diese Frage wurde ein halbes Jahr später durch eine Übereinkunft geklärt: Baselland verzichtete auf alle Rechte und Ansprüche, die es noch hätte haben können, die Stadt ihrerseits auf allfällige Ansprüche im Zusammenhang mit den Schanzen der Landschaft. Zudem bezahlte die Stadt dem Nachbarkanton am 31. Mai 1863 eine Auskaufsumme von 120 000 Franken. Damit war der Schanzenstreit endgültig beigelegt, und die Abbrucharbeiten konnten ungehindert fortgeführt werden.

Die Neugestaltung des Stadtrandes

Der Ratschlag von 1859 behandelte nicht nur die Schleifung der Befestigung. Gleichzeitig wurde ein zweites Gesetz «über Anlage und Korrection von Strassen und das Bauen an denselben» verabschiedet.[12] Das macht deutlich, dass es vor allem darum ging, die Infrastruktur der Stadt zu verbessern und neue Wohngebiete zu erschliessen. Detaillierte Bebauungspläne sollten bei der Anlage von neuen Quartieren Fehlern vorbeugen. Die entsprechenden Arbeiten wurden vom Baukollegium und dem ihm unterstellten Technischen Bureau der Stadt geplant und ausgeführt. Hauptakteure waren der Baudirektor Johann Jakob Stehlin der Jüngere sowie der Präsident des Baukollegiums, Karl Sarasin. Dass die Behörden bei der Gestaltung der Stadtrandzone und der neuen Quartiere nicht eben zimperlich mit Landbesitzern, Bauherren und Baumeistern umgingen, zeigt ein Reim aus dieser Zeit: «Behüt uns Herr in gnäd'gem Sinn, / Vor Stehlin und vor Sarasin».[13]

Strassen, Pärke und Promenaden

Der Weitsicht der beiden Herren ist es aber zu verdanken, dass die neu gewonnenen Flächen in grosszügige Promenaden und Strassen umgewandelt wurden. Noch heute können Fussgänger vom Bahnhof SBB und SNCF aus, entlang von Aeschengraben und St. Alban-Anlage bis zum St. Alban-Tor, diese Grünstreifen nutzen, während der Verkehr richtungsgetrennt links und rechts vorbeigeführt wird (Abb. 46, Seite 84). Entlang des äusseren Grabenrandes wurde eine Ringstrasse angelegt. Auf dem Gelände der Schanzen und Bollwerke entstanden zudem neue öffentliche Grünanlagen (etwa der Elisabethen-

12 Baer et al. 1932, S. 172.
13 Zit. nach Baer et al. 1932, S. 170.

46 Nach dem Fall der Mauer und der Zuschüttung des Grabens wurde zwischen dem Bahnhof und dem St. Alban-Tor eine grosszügige Promenade angelegt, die heute noch existiert. Das Bild zeigt den Abschnitt östlich des Aeschenplatzes (wohl kurz nach der Gestaltung der Promenade um 1870).

park). Die grundlegenden Pläne zur Umgestaltung der meisten Gräben und Wälle wurden 1866 vom berühmten Münchner Hofgartendirektor Carl von Effner entworfen,[14] der unter anderem auch die Gartenanlagen der Schlösser des ‹Märchenkönigs› Ludwig II. von Bayern in Linderhof und Herrenchiemsee gestaltet hatte.

Neue Quartiere

Vor den Mauern der Stadt wurden nach 1859 rasch eine ganze Reihe neuer Quartiere angelegt. Bereits ab 1850 entstanden im Gellert – wo die wohlhabenden Basler Familien Obst- und Rebgärten besassen – erste Wohnhäuser. Wer es sich leisten konnte, verliess die enge und stickige Innenstadt. In den Jahren 1854 bis 1856 wurden in der Breite nach einem Preisausschreiben der ‹Gesellschaft zur Beförderung des Guten und Gemeinnützigen› vier Wohnhäuser für Arbeiter errichtet; daraus entstand ein eigentliches Arbeiterquartier. Es folgten ab 1860 die Quartiere Gundeldingen, Am Ring, Wettstein, Clara und Matthäus.

Von ihren Fesseln befreit, wuchs die Stadt an allen Rändern, und die Bevölkerungszahl stieg bis 1900 auf über 100 000 Personen.

14 Baer et al. 1932, S. 172.

Rettet die Tore
Die Geburt des Denkmalschutzes

Heute würde niemand mehr verlangen, das Spalentor abzureissen. Sind aber andere Gebäude betroffen, gehen die Wogen immer noch sehr hoch, wenn es über Abbruch oder Schutz zu entscheiden gilt. Das war im 19. Jahrhundert nicht anders.

Drängende Bürger – bremsende Regierung

Der Wunsch, einzelne Mauerteile und Tore abzubrechen, ging oftmals von anwohnenden Bürgerinnen und Bürgern aus. Viele fühlten sich durch die Befestigungen und die engen Passagen behindert. Einige hofften wohl auch auf Parzellengewinne und die damit verbundene Aufwertung ihrer Anwesen. Es waren vor allem die Tore – für deren Verschönerung man im Laufe der Jahre viel Geld ausgegeben hatte –, die zu harten Auseinandersetzungen führten.

Ein schönes Beispiel dafür ist das Bläsitor in Kleinbasel.[1] Im Frühjahr 1862 verlangten einige Bürger seinen Abbruch. Ein gleichlautender Antrag wurde im Grossen Rat gestellt. Die Regierung hingegen lehnte die Forderung ab, weil es in ihren Augen noch verfrüht war, über diese Frage zu entscheiden. Der Grosse Rat folgte schliesslich dieser Argumentation und pflichtete der Regierung auch darin bei, dass das Bläsitor den Anforderungen des Verkehrs noch genüge. Immer wieder kam das Thema auf den Tisch, bis 1867 – fünf Jahre nach Beginn der Diskussion – schliesslich auch die Regierung in den Abbruch des Tors einwilligte.

Die Regierung war aber nicht grundsätzlich gegen den Abbruch von Toren: Das Aeschentor – das als Erstes fiel – war aufgrund der Verkehrsverhältnisse 1861 unwidersprochen zur Beseitigung freigegeben worden. Beim Steinentor wurde ähnlich argumentiert. Zusätzlich befand die Regierung, dass es wegen seiner Lage im Talgrund kein charakteristisches Merkmal für das Stadtbild darstelle.[2] Das Riehentor wurde zwar als schön eingestuft, doch wurde bemängelt, seit die angrenzende Mauer abgebrochen sei, stehe es nicht mehr im richtigen Verhältnis zur Umgebung.[3]

Auch wenn diese beiden Tore den städtischen Neuerungen noch weichen mussten, spielte hier doch erstmals die Frage, nach welchen Kriterien ein Bauwerk als schützenswert einzustufen sei, eine Rolle. Bei der Entscheidungsfindung wurden in der Folgezeit neben der Nützlichkeit auch ästhetische Gesichtspunkte berücksichtigt.

Der Wendepunkt von 1871 – das St. Alban-Tor

1870 waren noch drei der ursprünglich sechs äusseren Stadttore erhalten. Doch den Bewahrern drohte neues Ungemach: Auch das St. Alban-Tor sollte fallen. Die Regierung wehrte sich: «Unnötig und dazu noch zum Nachteil der Ansicht unserer Stadt sollen wir uns der wenigen Überreste unserer alten Geschichte nicht entäussern.»[4] Hier wird nicht mehr allein mit der Schönheit, sondern auch mit der denkwürdigen Vergangenheit argumentiert. Trotzdem lehnte der Grosse Rat zweimal eine Schonung des Tors ab. Erst als Freunde des Tors dreitausend Franken an die Kosten einer Erhaltung beizutragen versprachen, erklärte sich die Mehrheit 1871 bereit, für die Erhaltung einzustehen.

Dieser Entscheid markiert einen Wendepunkt: Zwar hat man in der nachfolgenden Zeit die meisten der verbliebenen Teile der Befestigung beseitigt, doch vom Abbruch der verbliebenen Tore – neben dem St. Alban- standen noch das Spalen- und das St. Johanns-Tor – war niemals mehr die Rede. Die Tore waren endgültig in den Rang von Zier- und Repräsentationsobjekten erhoben worden. Für viele Menschen waren sie aber auch Zeichen der Beständigkeit in einer Zeit der rasanten Modernisierung. Dabei ging es nicht um die Vergangenheit im Sinne der historischen Wirklichkeit; vielmehr schuf man sich eine arrangierte, künstliche Geschichte. Die Bauwerke wurden nach dem damaligen Geschmack ‹verschönert› und so mit einem überhöhten Bild, das man sich von der Vergangenheit machte, in Einklang gebracht.[5] Dieser Ansatz wurde im 20. Jahrhundert

---

1 Müller 1956, S. 85 f.
2 Müller 1956, S. 85; Kreis 2005, S. 47.
3 Müller 1956, S. 85.
4 Kreis 2005, S. 49.
5 Kreis 2005, S. 50.

47 Das St. Johanns-Tor vor und nach der Restaurierung von 1874 sowie nach der Renovation von 1984. Anhand der drei Bilder lassen sich die verschiedenen Ansätze der Denkmalpflege im Wandel der Zeit nachvollziehen.

abgelöst durch den Willen, möglichst viel originale Bausubstanz, den Charakter und das ursprüngliche Aussehen eines Gebäudes zu erhalten (Abb. 47).

Der Wunsch, das Alte vor der Zerstörung zu bewahren, führte rund dreissig Jahre nach der Rettung des St. Alban-Tors zur Gründung des Basler Heimatschutzes (1905) und fand 1907 auch im Schweizerischen Zivilgesetzbuch (ab 1912 wirksam) seinen Niederschlag. In Artikel 702 wird dort den Kantonen das Recht eingeräumt, das Grundeigentum zu beschränken, wenn es (unter anderem) um die Erhaltung von Altertümern geht. Zu den ersten der unter Schutz gestellten Bauten gehörten in Basel denn auch die drei Stadttore sowie der Mauerabschnitt am Mühlegraben.

Das 20. Jahrhundert
Eine Stadt hart an der Grenze

Im Laufe des 19. Jahrhunderts wurden nicht nur die alten Stadtmauern beseitigt; auch in der Kriegsführung fand ein markanter Wandel statt. Fortan lieferten sich die Armeen ihre Schlachten entlang breiter Fronten. Vor diesem Hintergrund stellte die Lage Basels – hart an der Grenze und nördlich des Juras – die Strategen während beider Weltkriege vor die gleiche Frage: Soll die Stadt gehalten werden, oder zieht man sich besser auf leichter zu verteidigende Stellungen zurück?

Der Erste Weltkrieg – Rückendeckung für Basel?

Um die Situation Basels zu Beginn des Ersten Weltkrieges zu verstehen, muss man sich vergegenwärtigen, dass das Elsass zu dieser Zeit deutsches Staatsgebiet war. Die Stadt lag nicht im Dreiländereck wie heute. Die grenznahen Kämpfe zwischen Deutschland und den Alliierten fanden weiter südwestlich, in der Gegend von Porrentruy, statt. Auch befürchtete die Schweizer Armeeführung eher einen Angriff Frankreichs als Deutschlands.[1] Um dem Feind den Zugang über den Jura ins Mittelland zu verwehren und den wichtigen Bahnknotenpunkt Olten zu schützen, wurde auf dem Hauenstein eine ausgedehnte Fortifikationslinie errichtet. Die Stadt Basel lag dabei im (ungeschützten) Vorfeld. Die Grenze wurde zwar bei Kriegsbeginn mit Truppen besetzt, weil der Generalstab jeglicher Neutralitätsverletzung vorbeugen wollte, doch ob Basel im Falle eines Angriffs wirklich nachhaltig verteidigt worden wäre, geht aus den zeitgenössischen Quellen nicht hervor.[2] Die Frage wurde wohl schon damals bewusst offengelassen, einerseits, um im Ernstfall flexibel handeln zu können, andererseits vielleicht auch, um niemanden zu beunruhigen. Wie gross die Rückendeckung für Basel wirklich war, kann heute deshalb nicht mehr beurteilt werden.

Der Zweite Weltkrieg – verzögern, verteidigen, preisgeben, schützen

Zu Beginn des Zweiten Weltkrieges zogen nördlich von Basel dunkle Wolken am Horizont auf. Die Stadt lag direkt an der Grenze der verfeindeten Länder Deutschland und Frankreich. Beiden traute man zu, einen Umgehungsangriff über Schweizer Gebiet auszuführen und dabei die Neutralität zu verletzen. Im Falle eines französischen Angriffs aus Westen wäre Basel zum Eckpfeiler einer zu verteidigenden Linie entlang des Juras geworden. Wäre dagegen ein deutscher Angriff aus Norden erfolgt, dann hätte die Stadt vor der eigentlichen Abwehrfront auf den Jurahöhen gelegen,[3] womit sich wieder die Frage gestellt hätte, ob die Stadt verteidigt oder preisgegeben werden sollte. Je nach Kriegsverlauf änderte sich die Antwort. Insgesamt können in diesem Zusammenhang vier Phasen unterschieden werden:[4]

› Bis zum April 1940 hatte das neu gebildete Stadtkommando Basel den Auftrag, einen allfälligen deutschen Angriff zu **verzögern**. Dazu errichtete man eilends Sperren, die zu Beginn provisorischen Charakter besassen (Abb. 48, Seite 90) und später durch solidere Hindernisse ersetzt wurden. Die Rhein- und Birsbrücken wurden zur Sprengung vorbereitet.

› Von April bis Juni 1940 (Niederlage Frankreichs) lautete der Auftrag, die Stadt Strasse um Strasse, Haus um Haus zu **verteidigen**. Dazu standen dem Stadtkommandanten rund 12 000 Soldaten sowie Ortswehren zur Verfügung. Die Verteidigungslinie des Grossbasler Stadtkerns verlief fast durchwegs auf der Linie der ehemaligen Äusseren Stadtmauer.[5] Auch am Rheinufer und in Kleinbasel wurden Bunker gebaut, teilweise in unmittelbarer Nähe zu mittelalterlichen Türmen (beispielsweise bei den Letzitürmen kann noch heute einer entdeckt werden). Dieser Kontinuität der Standorte steht ein Wandel in der Ausgestaltung der Verteidigungswerke gegenüber: Hatte man im Mittelalter versucht, den Gegner mit mächtigen Bauten zu beeindrucken, war nun die Devise, sich möglichst gut zu tarnen, um unentdeckt zu bleiben.

› Nach dem deutsch-französischen Waffenstillstand im Juni 1940 war Basel vollständig vom deutschen Machtbereich umgeben und wurde bald zur offenen Stadt erklärt. Damit wäre sie bei einem Angriff widerstandslos **preisgegeben** worden. Die Schweizer Armee zog sich weitgehend ins alpine Reduit zurück: Die Alpen- und Voralpengebiete wandelten sich in der Folgezeit zur schweizerischen Festung. Das Stadtkommando wurde formell aufgelöst (beziehungsweise auf Pikett entlassen). Barrikaden und Hindernisse wurden entfernt und die verbliebenen Soldaten im Stadtgebiet mit Polizeiaufgaben betraut. Dass eine bevölkerungsreiche Stadt wie Basel – die zudem wichtige Industriebetriebe beheimatete – kampflos aufgegeben worden wäre, mag heute erstaunen. Doch dem Generalstab unter Henri Guisan schien eine Konzentration der Kräfte wichtiger. Auch hätte ein Angriff auf Basel wohl weniger Opfer unter der Zivilbevölkerung gefordert, als wenn um jedes Haus gekämpft worden wäre.

1 Schaffhauser 2005, S. 13.
2 Ernst 1963, S. 116.
3 Ernst 1963, S. 117.
4 Brückner 1989, S. 39.
5 Senn 1996, S. 15, Abb. 6.

48 Im September 1939 wurden in Basel in Erwartung eines möglichen Angriffs durch das Dritte Reich provisorische Barrikaden errichtet. Dazu kippte man unter anderem auch Tramwagen auf die Strasse.

49 Heute sind die Grenzen der Stadt praktisch unsichtbar.

› Als sich der Sieg der Alliierten abzuzeichnen begann und sich die Front der Stadt wieder näherte, beschloss die Armeeführung im September 1944, Basel mit starken Truppen zu **schützen**. Man wollte damit Grenzverletzungen und die Benutzung der Rheinbrücken durch eine Kampfpartei verhindern. Basel erlebte die wohl stärkste Truppenpräsenz aller Zeiten: Ungefähr 37 000 Soldaten wurden in der Stadt untergebracht.[6] Deren Versorgung und Verpflegung gestalteten sich schwierig, doch die Hoffnung auf ein baldiges Ende des Krieges liess wohl viele Entbehrungen tragbar erscheinen.

Basel blieb auch im Zweiten Weltkrieg – abgesehen von zwei Bombenabwürfen 1940 und 1945 – von den Kampfhandlungen verschont. Doch die Nähe zum Kampfgeschehen und das Gefühl, durch den Jura von der übrigen Schweiz getrennt zu sein, haben Spuren im Bewusstsein der Bevölkerung hinterlassen.

Basel heute – am Rande der Schweiz, mitten in Europa

Die mittelalterlichen Mauern sind bis auf wenige Reste verschwunden, die Bunker des 20. Jahrhunderts haben ihre Bestimmung verloren, und der Sprengstoff, der in den Pfeilern der Rheinbrücken eingelagert gewesen war, wurde entfernt. Basel ist längst keine befestigte Stadt mehr. Und doch könnte man sagen, dass sich die Stadt in einer ähnlichen Situation befindet wie im 19. Jahrhundert: Sie ist an ihre Grenzen gestossen; das Gebiet innerhalb der verschiedenen Landes-, Kantons- und Gemeindegrenzen ist beinahe lückenlos überbaut. Im Alltag sind diese Grenzen noch an wenigen Stellen wahrnehmbar, beispielsweise an den Autobahnzöllen. Mancherorts – wie Im langen Loh – entscheidet bloss die Strassenseite über die Kantonszugehörigkeit. Doch diese wenigen Meter haben entscheidenden Einfluss auf ganz praktische Belange wie die Höhe der Steuern oder der Krankenkassenprämien. In diesem Sinne wirkt die Kantonstrennung von 1833 – in deren Vorfeld die letzte Reparatur der Stadtmauern angeordnet worden war – noch immer nach. Auch wenn es um Fragen wie die finanzielle Beteiligung der Landschaft an den Zentrumslasten der Stadt geht, werden alte Grenzen mitunter spürbar. Das feindliche Gegeneinander von damals ist heute jedoch einem weitgehend freundschaftlichen Miteinander gewichen. Ja selbst eine Wiedervereinigung der beiden Halbkantone oder gar die Bildung eines Kantons Nordwestschweiz standen und stehen zur Diskussion. Anders als vor zweihundert Jahren haben zudem die ‹unsichtbaren Mauern› der politischen Grenzen das Siedlungswachstum der Stadt nicht gebremst. So ist auf aktuellen Luftbildern kaum mehr zu unterscheiden, wo die Stadt aufhört und die umliegenden Gemeinden und Länder beginnen (Abb. 49). Basel pflegt enge Kontakte und einen regen Austausch über die Landesgrenzen hinaus, der sich nicht nur auf die behördliche Ebene beschränkt, sondern an denen sich auch die Bevölkerung lebhaft beteiligt, und sei es nur beim samstäglichen Grosseinkauf in Deutschland oder in Frankreich. Und auch wenn die Schweiz nicht Mitglied der Europäischen Union ist, gibt die Region Basel doch ein erfolgreiches Beispiel für die gelebte Vision eines partnerschaftlichen Europas ab, in dem Länder und Städte keine Mauern, Gräben oder Zäune zur Abgrenzung mehr benötigen.

---

[6] Grieder 1957, S. 77.

Zeittafel – von der Bronzezeit bis heute

1300–800 v. Chr.	Errichtung einer Wallgrabenanlage auf dem Martinskirchsporn (Münsterhügel)
um 80 v. Chr.	Errichtung des Murus Gallicus quer zur heutigen Rittergasse
260–400 n. Chr.	Bau einer Umfassungsmauer um den Münsterhügel und eines Burgus auf der Kleinbasler Rheinseite
um 1080	Bau der Burkhard'schen Stadtmauer
nach 1200–1250	Errichtung der Inneren Stadtmauer
nach 1250	Bau der ersten Befestigung Kleinbasels
nach 1278	Erweiterung der Kleinbasler Stadtmauer im Bereich Klingental
bis um 1300	Befestigung der Grossbasler Vorstädte
1361–1398	Bau der Äusseren Stadtmauer
nach 1410–um 1450	Erweiterung der Kleinbasler Stadtmauer mit einer zweiten Mauer und dazugehörigem Graben
15. Jh.	Ausbesserungen an den Stadtmauern, Bau von Vorwerken zu den Toren und provisorischen Bollwerken
16. Jh.	Bau von Schnabeltürmen (evt. schon im 15. Jh.) und Aufschüttung von Erd- und Steinbollwerken
1619–1624	Bau von fünf Schanzen (St. Alban-, Elisabethen-, St. Leonhard-, St. Johanns- und Drahtzugschanze)
nach 1678	Errichtung der Festung Hüningen (Frankreich)
1844	Letzte Erweiterung der Stadtmauern im Bereich Schällemätteli, um den Bahnhof zu umschliessen
1859	Verabschiedung des Gesetzes über die Erweiterung der Stadt
1859–1889	Abbruch der Stadtmauern (in Ansätzen schon vorher)
1914	Sicherung der Schweizer Grenze durch Einheiten der Armee
1939–1945	Errichtung von zahlreichen Panzersperren, Barrikaden und Bunkern; Einstellung der Arbeiten nach dem Juni 1940
1971	Rekonstruktion des beim Bau des Heuwaageviadukts abgerissenen Elisabethenbollwerks

Register

Aeschenbollwerk 62, 63, 77, 79, 83
Aeschenschwibbogen 35, 37, 45, 53, 63, 77
Aeschentor 35, 53, 54, 57, 59, 61, 77, 79, 85
Aeschenvorstadt 45–46, 53, 61, 65, 77
Armagnaken 59
Aubigné, Theodore Agrippa d' 70–72
Äusseres Aeschentor 53
Äussere Stadtmauer 7, 14, 16, 17, 23, 24, 26, 27, 28, 33, 37, 44–55, 58, 59, 61, 64, 65, 72, 75, 77, 79, 89, 92
Bachofenturm 52
Barfüsserkloster 21, 24, 31, 46, 77
Baslerstab 42
Bastion 16, 24, 64–65, 69, 70, 72, 75, 79
Batterie 65, 67
Bläsitor 39, 41, 59, 63, 77, 86
Bock, Hans 42, 70
Bollwerk 14, 16, 27, 39, 48, 59, 61, 62, 63–64, 65, 69, 70, 75, 79, 81, 83, 92
Böse Fasnacht 49
Breitschedelturm 51
Brigittentor 45
Bronzezeit 5, 9, 10, 14, 92
Brunnmeisterturm 52, 64
Brunnwerk 37
Burgus 10, 12, 13, 14, 92
Burkhard'sche Stadtmauer 14, 18–25, 26, 27, 28, 29, 30, 31, 33, 34, 35, 92
Burkhard von Fenis 18, 19, 20, 23
Caesar, Gaius Julius 11, 14
Denkmalschutz 86–87
Dornimaug 52, 63
Drahtzugschanze 65, 69, 77
Dreissigjähriger Krieg 5, 42, 64, 70
Effner, Carl von 85
Eglolfstor 46, 51, 55, 79
Eisenbahn 26, 60, 66, 67, 75, 77, 79, 81, 83, 84, 92
Eisenbahntor 66, 67, 81
Eisenzeit 9–13, 15, 16
Elisabethenbollwerk 63, 81, 92
Elisabethenschanze 62, 64, 81
Ellikurter Krieg 59
Erdbeben (1356) 33, 35, 44, 45
Eschemarstor 35
Eselstürlein 33, 35, 53, 75
Eselturm 33, 75
Fallgatter 16, 17, 52, 53, 55, 61
Fallpfähle 16, 17
Faulhaber, Johann 72
Flamand, Claude 70–72, 73
Fledermausturm 57
Fosse, ? de la 70–72
Fröschenbollwerk 63, 65, 79
Gasfabrik 9
Haito 19
Heimatschutz 87
Heinrich IV. 19
Hertor 46, 53
Hoher Wall 75, 81
Holbein der Jüngere, Hans 42
Holzappel, Peter (genannt ‹Melander›) 72
Hüningen 62, 65, 67, 92
Inneres Aeschentor 35
Innere Schanze 65, 79
Inneres Spalentor 35

Inneres St. Alban-Tor 35
Inneres St. Johanns-Tor 35
Innere Stadtmauer 5, 14, 15, 16, 19, 21, 24, 25, 26, 27, 28–37, 39, 42, 45, 46, 49, 51, 52, 53, 55, 57, 59, 63, 75, 92
Investiturstreit 19
Isteinertor 39
Isteinerturm 39, 77, 82
Johanniterkommende 26, 46, 47, 52
Juden 27, 56
Kantonstrennung 17, 67, 81, 91
Kavalier 65
Ketzerturm 77
Kleinbasel 14, 38–41, 56, 59, 63, 65, 70, 77, 82, 86, 89, 92
Klingental 7, 39, 40, 64, 77, 92
Konzil von Basel 14, 59
Kontermauer 27, 33, 51, 55, 79
Kreuztor 35, 46, 47, 77
Kunostor 45, 77
Lällenkönig 42–43
Leonhardskirchsporn 23, 25
Leopold III., Herzog von Österreich 49
Letzimauer 6, 49, 51, 55
Letziturm 65, 68, 69, 79, 89
Lohnhof 21, 22, 24, 25, 29, 30, 31, 33, 37, 57
Ludwig II. von Bayern 85
Ludwig XIV. 65
Mähly, Friedrich 47, 68, 69
Martinskirchsporn 9, 11, 92
Mauertor 24, 33
Merian, Matthäus 32, 33, 35, 48, 51, 53, 60, 61, 68
Mittlere Brücke 37, 39
Mühlegraben 6, 49, 50, 51, 52, 55, 65, 79, 81, 87
Munimentum 13
Münsterhügel 5, 9, 10, 11, 13, 14, 16, 19, 20, 21, 27, 43, 65, 92
Münster, Sebastian 60, 63
Murus Gallicus 10, 11, 13, 14, 43, 92
Neuenburger Konflikt 75
Neue Vorstadt 47
Niederes Rheintor 37, 42, 55
Oranien, Moritz von 72
Oreillon 70
Pechnase 16, 53
Pfaffen-Vorstadt 46, 47
Piccolomini, Eneo Silvio (Pius II.) 14
Puer, Heinrich 26
Ravelin 64–65, 81
Reduit 89
Rheintor 29, 37, 39, 42, 43, 52, 55, 57, 77
Rhyner, Heinrich 45
Riehentor 39, 77, 86
Römerzeit 5, 10, 11–13, 14, 19, 27
Royalwerk 72
Rudolf von Habsburg 46
Rudolf von Rheinfelden 19
Rumpelturm 77
Ryff, Fridolin 61, 63
Salzturm 35, 77
Sarasin, Karl 83
Sarbach, Jakob 61
Schalenturm 33, 34, 35, 37, 45
Schanze 5, 7, 16, 26, 27, 62, 64–65, 67, 69, 70, 72, 74, 75, 77, 79, 81, 83, 92

Schanzenstreit 75, 79, 81–83
Schertlin von Burtenbach, Sebastian 63
Schindgraben 77
Schnabelturm 60, 61, 92
Schwabenkrieg 61
Sohlgraben 33, 51
Spalenbollwerk 63
Spalenschwibbogen 35, 46, 57, 77
Spalentor 7, 17, 42, 46, 47, 49, 51, 52, 53, 54, 59, 61, 77, 79, 81, 86
Spalenturm 35
Spalenvorstadt 46, 65, 77
Spalenwerk 37
Specklin, Daniel 70, 71
Sperrgeld 56
Spitalschürentor 46, 55
Spolien 13, 27
Springolf 52
Stadtkommando 89
Stadtturm 46, 51
St. Albankloster 19, 45, 47, 49
St. Albanschanze 64, 75, 79
St. Albanschwibbogen 35, 36, 57, 75, 77, 78
St. Alban-Tor 35, 49, 54, 55, 59, 64, 65, 69, 79, 81, 82, 84, 86–87
St. Alban-Vorstadt 45, 46
Standeskompagnie 16
Stänzler 16
Stapf, Adam 72
Stehlin der Jüngere, Johann Jakob 83
Steinenschanze 64, 69, 79, 81
Steinentor 50, 51, 53, 59, 79, 80, 81, 83, 86
Steinenvorstadt 46, 77
Steinin Crüz Tor 46
St. Johanns-Bollwerk 64, 79
St. Johannsschanze 65
St. Johanns-Schwibbogen 15, 35, 76, 77
St. Johanns-Tor 17, 26, 35, 42, 47, 49, 51, 52, 55, 61, 65, 70, 79, 81, 86, 87
St. Johanns-Vorstadt 46–47, 52, 67
St. Leonhardsgänglein 35
St. Leonhardsschanze 27, 64
St. Petersgänglein 35
Sundgauerzug 59
Thomasturm 42, 47, 51, 52, 55, 79, 81
Tilly, Johann Tserclaes Graf von 65
Torgeldbüchse 56, 57
Torsperre 26, 56–57, 77
Valentinian 13
Valkenburg, Johann van 72, 73
Vauban, Sébastian le Prestre de 62, 65, 67
Voglerstor 46, 52
Vorhof 54, 59, 61, 79, 81
Vorwerk 16, 51, 52, 59–61, 81, 92
Vrydentor 45
Wagdenhals 51, 52, 63, 81
Wasenbollwerk 63, 75, 81
Wasserturm 33, 35, 75
Weltkrieg, Erster 88, 89
Weltkrieg, Zweiter 88, 89–91
Wolfsgrube 59
Zangentor 16
Zoll 54, 56, 57, 61, 81
Zugbrücke 16, 33, 35, 37, 52, 53, 55, 59, 61, 64, 79
Zunft 16, 46

Literatur

- Baer, Casimir Hermann et al. (1932): Vorgeschichtliche, römische und fränkische Zeit; Geschichte und Stadtbild; Befestigungen, Areal und Rheinbrücke; Rathaus und Staatsarchiv (Die Kunstdenkmäler des Kantons Basel-Stadt, Bd. 1). Basel 1932.
- Brückner, Ch. (1989): Das Stadtkommando Basel 1939–1989. Rückblick aus Anlass des 50jährigen Jubiläums. Basel 1989.
- Deschler-Erb, Eckhard/Hagendorn, Andrea (2007): Auf dem Münsterhügel. Die ersten Jahrtausende (Archäologische Denkmäler in Basel, Bd. 5). Basel 2007.
- Ernst, Alfred (1964): Die militärische Bedeutung der Stadt Basel im Zweiten Weltkrieg. In: Basler Stadtbuch 1964. Basel 1963, S. 112–121.
- Gaius Julius Caesar (1980): De bello Gallico. Der Gallische Krieg. Übers. und hg. von Marieluise Deissmann. Stuttgart 1980.
- Grieder, Fritz (1957): Basel im Zweiten Weltkrieg. 1939–1945 (135. Neujahrsblatt, hg. von der Gesellschaft zur Beförderung des Guten und Gemeinnützigen). Basel 1957.
- Heinse, Gottlob Heinrich (1811): Beschreibung von Basel und seinen pittoreskischen Umgebungen. Ein Taschenbuch für Fremde und Einheimische. Leipzig 1811.
- Helmig, Guido (1998): Basel – Etappen der Befestigung einer Stadt. In: Jahresbericht der Archäologischen Bodenforschung des Kantons Basel-Stadt 1996. Basel 1998, S. 31–43.
- Helmig, Guido/Matt, Christoph Philipp (1991): Inventar der Basler Stadtbefestigung – Planvorlage und Katalog. 1. Die landseitige Äussere Grossbasler Stadtmauer. In: Jahresbericht der Archäologischen Bodenforschung des Kantons Basel-Stadt 1989. Basel 1991, S. 69–153.
- Helmig, Guido/Matt, Christoph Philipp (1992): Inventar der Basler Stadtbefestigung – Planvorlage und Katalog. 2. Die rheinseitigen Grossbasler Stadtbefestigungen. In: Jahresbericht der Archäologischen Bodenforschung des Kantons Basel-Stadt 1990. Basel 1992, S. 153–222.
- Helmig, Guido/Matt, Christoph Philipp (2005): In der St. Alban-Vorstadt. Ein archäologisch-historischer Streifzug (Archäologische Denkmäler in Basel, Bd. 4). Basel 2005.
- Helmig, Guido/Ritzmann, Hans (1991): Phasen der Entwicklung des Abschnittes der Äusseren Stadtbefestigung zwischen Spalenvorstadt und Rhein. In: Jahresbericht der Archäologischen Bodenforschung des Kantons Basel-Stadt 1989. Basel 1991, S. 154–176.
- Kaufmann, Rudolf (1949): Die bauliche Entwicklung der Stadt Basel II. Klein-Basel, Vorstädte, heutige Stadt (127. Neujahrsblatt, hg. von der Gesellschaft zur Beförderung des Guten und Gemeinnützigen). Basel 1949.
- Kreis, Georg (2005): Aufbruch und Abbruch. Die ‹Entfestigung› der Stadt Basel. In: Derselbe: Vorgeschichten zur Gegenwart. Ausgewählte Aufsätze. Bd. 3, Basel 2005, S. 39–51.
- Kreis, Georg/von Wartburg, Beat (Hg.) (2000): Basel. Geschichte einer städtischen Gesellschaft. Basel 2000.
- Matt, Christoph Philipp (2002): Rund um den Lohnhof. Die Archäologischen Informationsstellen (Archäologische Denkmäler in Basel, Bd. 2). Basel 2002.
- Matt, Christoph Philipp (2004): Basels Befestigungen. In: Mittelalter. Zeitschrift des Schweizerischen Burgenvereins, Jg. 9, Basel 2004, Heft 2, S. 40–51.
- Matt, Christoph Philipp/Rentzel, Philippe (2004): Burkhardsche und Innere Stadtmauer – neu betrachtet. In: Jahresbericht der Archäologischen Bodenforschung des Kantons Basel-Stadt 2002. Basel 2004, S. 131–253.
- Moehring, Gerhard (2002): Bischof Burkhard von Basel, das Kloster St. Alban und ihre Beziehungen zu Lörrach und Umgebung. In: Badische Heimat, Jg. 82, Freiburg i.Br. 2002, Heft 4, S. 606–612.
- Müller, Christian Adolf (1955): Die Stadtbefestigungen von Basel. Die Befestigungsanlagen in ihrer geschichtlichen Entwicklung (133. Neujahrsblatt, hg. von der Gesellschaft zur Beförderung des Guten und Gemeinnützigen). Basel 1955.
- Müller, Christian Adolf (1956): Die Stadtbefestigungen von Basel. Beschreibung der Wehranlagen nach alten Plänen und Bildern (134. Neujahrsblatt, hg. von der Gesellschaft zur Beförderung des Guten und Gemeinnützigen). Basel 1956.
- Müller, Christian Adolf (1963): Die Basler Torsperren im 19. Jahrhundert. In: Basler Stadtbuch 1963. Basel 1962, S. 13–35.
- Riggenbach, Rudolf (1932): Schmuck der Mauern und Tore. In: Baer, C. H. et al. 1932, S. 195–221.
- Schaffhauser, Hans Ruedi (2005): Der 1. Weltkrieg und die militärische Verteidigung der Schweiz. In: Oginform. Das Mitteilungsorgan der Offiziersgesellschaft beider Basel, Basel 2005, Heft 1, S. 8–15.
- Senn, Hans (1996): Basel und das Gempenplateau im Zweiten Weltkrieg. Westlicher Eckpfeiler der Armeestellung 1939/1940 und Scharnier eines allfälligen Zusammenschlusses mit den Franzosen. Schriftenreihe der Gesellschaft für militärhistorische Studienreisen (GMS), Heft 16, Zürich 1996.
- Siegfried, Paul (1923): Basels Entfestigung: In: Basler Jahrbuch 1923, Basel 1922, S. 81–146.
- Teuteberg, René (1988): Basler Geschichte. 2. Aufl., Basel 1988.

Abbildungsverzeichnis

Cover Staatsarchiv Basel-Stadt AL 45, 1-131-3
1 Fibbi-Aeppli, Archiv Basler Denkmalpflege
2 Ph. Saurbeck, Archäologische Bodenforschung Basel-Stadt
3 Archäologische Bodenforschung Basel-Stadt, Grundlage: Ch. Bing/U. Schön, Bearbeitung: D. Bargetzi/Autor
4 Historisches Museum Basel. Foto: P. Portner, Inv. Nr. 2000.200.
5 Phillippe Saurbeck, Rheinfelden
6 Historisches Museum Basel. Foto: P. Portner, Inv. Nr. 2005.10.
7 Varady, Archiv Basler Denkmalpflege
8 Staatsarchiv Basel-Stadt Neg. Nr. B272 und B273
9 Staatsarchiv Basel-Stadt, Klosterarchiv St. Alban Nr. 1
10 Archäologische Bodenforschung Basel-Stadt, Grundlage: Ch. Bing/U. Schön, Bearbeitung: D. Bargetzi/Autor
11 Ch. Bing, Archäologische Bodenforschung Basel-Stadt
12 St. Tramèr, Archäologische Bodenforschung Basel-Stadt
13 Foto Archäologische Bodenforschung Basel-Stadt
14 Archäologische Bodenforschung Basel-Stadt, Grundlage: Ch. Bing/U. Schön, Bearbeitung: D. Bargetzi/Autor
15 Höflinger, Staatsarchiv Basel-Stadt AL 45, 5-38-2
16 Historisches Museum Basel. Inv. Nr. 1973.19.
17 Ch. Bing, Archäologische Bodenforschung Basel-Stadt
18 Karin Rütsche, Basel
19 Varady, Archiv Basler Denkmalpflege
20 Archäologische Bodenforschung Basel-Stadt, Grundlage: Ch. Bing/U. Schön, Bearbeitung: D. Bargetzi/Autor
21 Fotograf unbekannt, Archiv Basler Denkmalpflege
22 Phillippe Saurbeck, Rheinfelden
23 Historisches Museum Basel. Foto: M. Babey, Inv. Nr. 1870.1262.
24 Archäologische Bodenforschung Basel-Stadt, Grundlage: Ch. Bing/U. Schön, Bearbeitung: D. Bargetzi/Autor
25 Historisches Museum Basel. Inv. Nr. 1885.29.
26 Höflinger, Staatsarchiv Basel-Stadt Hö B 161
27 Ph. Saurbeck, Archäologische Bodenforschung Basel-Stadt
28 Emanuel Büchel, Archiv Basler Denkmalpflege
29 Erik Schmidt, Basel (Spalentor); Ph. Saurbeck, Archäologische Bodenforschung Basel-Stadt (St. Alban-Tor)
30 Historisches Museum Basel. Inv. Nr. 1870.1139.
31 Archäologische Bodenforschung Basel-Stadt, Grundlage: Ch. Bing/U. Schön, Bearbeitung: D. Bargetzi/Autor
32 Historisches Museum Basel. Inv. Nr. 1973.19.
33 Archäologische Bodenforschung Basel-Stadt
34 Emanuel Büchel, Staatsarchiv Basel-Stadt Falk. Fa 3,6
35 Historisches Museum Basel. Inv. Nr. 1971.7.
36 G. L., Historisches Museum Basel. Inv. Nr. 1934.504.
37 Historisches Museum Basel. Inv. Nr. 1901.108.
38 Ph. Saurbeck, Archäologische Bodenforschung Basel-Stadt
39 Staatsarchiv Basel-Stadt, Planarchiv T 4 Nr. 1 + Nr. 4
40 Staatsarchiv Basel-Stadt, Planarchiv A 1.113 Nr. 1
41 Höflinger, Staatsarchiv Basel-Stadt Hö B 99
42 Fotograf unbekannt, Archiv Basler Denkmalpflege
43 Fotograf unbekannt, Archiv Basler Denkmalpflege
44 Staatsarchiv Basel-Stadt NEG 5158
45 Fotograf unbekannt, Archiv Basler Denkmalpflege
46 Höflinger, Staatsarchiv Basel-Stadt Hö D 6488
47 Höflinger, Staatsarchiv Basel-Stadt Hö B 144 (vor 1874); Fotograf unbekannt, Archiv Basler Denkmalpflege (nach 1874); Phillippe Saurbeck (nach 1984)
48 Fotgraf unbekannt, Staatsarchiv Basel-Stadt AL 31
49 Orthofoto: Grundbuch- und Vermessungsamt Basel-Stadt, 17.07.2007, Bildflug vom 31. Juli 2001